KB127216

부자
나라,
가난한
세계

10대를 위한
세상 제대로
알기 ①

부자 나라, 가난한 세계

구정은·이지선 지음

'기울어진 운동장'을 어떻게 고쳐 나갈까?

북카라반
CARAVAN

'기울어진 운동장'을
어떻게
고쳐 나갈까?

어려움에 처한 친구, 아프고 슬픈 일을 겪는 이웃, 혹은 낯선 이들일지라도 위험에 빠진 것을 보면 사람은 누구든 도와주고 싶은 마음을 갖게 됩니다. 언론이나 시민단체에서 모금을 하면 기부를 하고, 어려운 이들을 돕는 시설을 방문해 봉사활동을 하는 것도 그런 마음에서 나온 행동이지요.

그러면서도 마음 한구석에서는 '과연 이런 작은 행동으로 세상을 바꿀 수 있을까' '이게 정말로 더 많은 사람이 더 나은 삶을 살 수 있게 해주는 최선의 방법일까' 하는 의문이 슬금슬금 고개를 들곤 합니다. 마음은 있는데 실제로 돈을 내거나 행동에 나서기는 쉽지 않을 때도 많고요.

　한 사람이 한 사람을 돕는 것, 개인 대 개인의 노력만으로는 모두의 삶을 개선하는 데에 한계가 있기 때문에 인류는 제도, 시스템을 만들어왔습니다. 오래전 왕조 시대에는 '시혜'라든가 '구휼'의 형태를 띠었지만 현대 사회에서는 그런 도움들이 제도화되어 '복지'가 되고, 때로는 '자선'이 되고, 국경을 넘어서 나라와 나라 사이를 오갈 때에는 '원조' '개발원조'가 됩니다. 재난이나 전쟁이 일어나서 당장 급하게 도움이 필요한 사람들이 있을 때에는 '긴급구호'를 위해 구호팀과 물건과 돈을 보내기도 하지요.

　세계는 국경으로 갈라져 있습니다. 하지만 지금의 국경선들이 확정된 것이 그리 오래된 일은 아닙니다. 100년 전에도 지금과 똑같은 국경 속에서 지금의 영토를 가지고 독립된 국가를 이루고 있던 나라가 오히려 극히 드물어요. 식민지를 점령하고 있다가 내준 나라도 있고, 한국처럼 식민통치에서 벗어나 독립한 나라도 있고, 한 나라로 묶여 있다가 갈라진 나라들도 있고, 21세기에 들어와서야 힘겨운 싸움 끝에 독립한 나라도 있습니다.

정부 발표에 따르면 2022년 한국의 초중고 학생들에게 들어간 사교육비 총액은 약 26조 원이었다고 해요. 세계의 200개 가까운 나라들 중에는 한국처럼 사교육에만 수십조 원을 쏟아붓는 나라가 있는가 하면, 여전히 글을 읽지 못하는 이가 많은 나라도 있습니다.

이 책에서는 그렇게 '평등하지 않은 세계'를 들여다보고, 조금이라도 더 많은 이가 그럭저럭 살아갈 수 있도록 돕기 위해 국제사회가 만들어온 시스템을 알아봅니다.

아직도 가난한 곳들은 왜 가난할까요? 과거 식민통치가 드리운 그늘이 아직도 남아 있는 경우도 있고, 독립한 뒤에 부패한 독재자가 국가의 부富를 독차지한 경우도 있습니다. 권력 다툼과 분쟁 때문에 고통받는 이들도 있고요. 이 책의 1장에서는 세계의 그런 불평등한 현실과 함께, '가난한 나라가 가난한 이유'를 분석해봅니다. 역사는 늘 현재에 영향을 미치지만, 오래전의 역사에서만 원인을 찾다 보면 과거에만 치중하게 되고 지금 그들이 국가를 나은 방향으로 끌고 가기 위해 노력하는 모습은 오히려 놓치게 될 때가 있어요. 그래서 빈곤과 세계적인 불평등의 원인을 좀 더 다각적으로 보여주기 위해 애썼습니다. 특히 앞으로 더욱 심해질 기후 재난과 이를 막기 위한 노력도 강조했고요.

2장에서는 세계가 서로 도와야 한다는 생각이 어떻게 국제사회의 규칙으로 확립됐는지를 살펴봅니다. 모든 사람에게 '기본권'이 있다는 개념, 전쟁에서도 마구잡이로 사람을 죽이거나 다친 사람을 버려두면 안 된다는 생각이 구호의 출발점이 됐지요. 하지만 실제로 구호가 이뤄지는 '현장'에서는 저마다 다른 생각들이 부딪칩니다. 구호의 역사와 함께, 구호의 '원칙'을 둘러싼 논란들을 소개하면서 특히 분쟁 상황에서의 '중립'이라는 어려운 문제에 대해 생각할 거리를 던져봤습니다.

이어지는 세 번째 장에서는 장기적으로 한 국가나 지

역의 발전을 도와주는 개발원조에 대해 알아봅니다. 개발원조의 여러 형태, 원조를 많이 하는 나라와 많이 받는 나라 같은 기본적인 상황들을 짚어봤습니다.

'수십 년 동안 아프리카에 어마어마한 원조가 흘러갔다는데 왜 빈곤은 없어지지 않는 거야?' '원조는 결국 효과가 없어.' 이런 얘기를 하는 사람들도 적지 않습니다. 어떤 면에서는 일리가 있는 지적이고요. 의도는 좋았는데 결과가 기대만큼 신통치 않았다면 분명 어디에선가 문제가 생긴 거예요. 개발원조의 한계와 문제점, 경제 규모가 커진 중국이 최근 원조에서도 '큰손'으로 등장하면서 세계에 던져주고 있는 고민거리 등을 살폈습니다.

미디어에서는 빈곤과 전쟁과 전염병과 재난 같은 '나쁜 뉴스'들을 주로 전하지만 현실의 세계는 그동안 서로 돕고 밀어주고 끌어주며 더 나은 방향으로 정말 많이 발전해왔습니다. 오래전의 한국, 그 뒤를 이은 아프리카의 보츠와나처럼 가난한 나라에서 개발된 나라로 변신한 나라들도 분명 있고요. 그런 성과들도 보여드리려고 애썼습니다.

저희 저자들은 신문사에서 일하면서 이른바 '저개발 국가'들을 방문할 기회가 있었습니다. 난민촌에도 가봤고, 분쟁 지역에도 다녀왔습니다. 여러 경험을 하면서 '더 나은 세계는 가능할까'에 대해 고민을 하게 됐어요.

서아프리카 어느 나라의 난민촌에서 손을 꼬옥 붙잡는 어린아이를 본 뒤 '이 아이는 왜 낯선 나의 손을 잡을까'를 두고두고 생각해본 적도 있고, 외국인에게 내전 때 다친 몸을 움직여보이며 도움을 청하는 사람에게 현금을 주어야 할지 말지를 놓고 격한 토론을 해본 적도 있습니다. '그렇다'와 '아니다'로 단순하게 답하기 어려운 질문들을 스스로에게 던지고 생각을 정리하는 데에는 꽤나 오랜 시간이 걸렸습니다. 책이나 자료를 읽어보고, 구호활동을 하는 사람들을 만나보고, 서로 이야기를 나누면서 다듬은 내용들이 이 책이 됐습니다.

한 지역이나 나라의 발전이 더디다면 거기에는 분명

이유가 있습니다. 아무리 애써도 그 격차를 극복할 수 없다면, 거기에는 '구조적인' 이유가 있을 가능성이 높습니다. 세계 여러 나라들의 가난은 과거의 역사에서 비롯된 것인 동시에, '지금' 불평등을 키우는 금융 시스템이나 교역 제도 때문이기도 합니다. 세계적인 차원에서 '기울어진 운동장'을 고치기 위해 노력하는 것이 가장 중요할 겁니다. 우리나라나 우리 기업이 혹시 다른 나라의 가난한 주민들에게 해를 입히거나 착취하고 있지는 않은가 늘 생각해봐야 할 위치가 됐다는 뜻이기도 해요. 이 책이 모두에게 그런 생각거리들을 던져줄 수 있으면 좋겠습니다.

2023년 8월

구정은, 이지선

2장 '세계가 도와야 한다'는 생각

3장 원조의 사례와 흐름

4장 좋은 원조, 나쁜 원조?

1장

부자 나라,
가난한 나라

부자 나라,
가난한 나라

아직도 열 명 가운데
한 명은 배가 고파요

소말리아라는 나라, 아마 이름은 많이 들어봤을 거예요. 아프리카 동쪽 해안에 있는 나라인데 우리에겐 '해적'으로 악명 높은 곳이기도 합니다. 소말리아가 있는 지역은 동아프리카에서 땅이 뾰족하게 튀어나온 곳이라 '아프리카의 뿔'이라고들 불러요.

2011년 소말리아에서는 가뭄이 심해 26만 명이 숨졌습니다. 게다가 몇 년 지나지 않아 다시 가뭄이 들었어요. 이 지역은 건기와 우기 두 계절이 있는데, 2018년부터 우기를 다섯 번 지나는 동안 계속해서 강우량이 모자랐다고 해요. 2022년 말부터는 결국 대규모 식량 위기가 발생했습니다. 유엔이 추정하기로는 소말리아 인구 절반 이상인 830만 명이 국제사회에서 식량을 원조받아야 하는 처지가 됐다고 합니다.

이런 피해는 먹을 것이 모자라는 것에서 그치지 않습니다. 2023년 3월 기준으로 소말리아에서 재난에 취약한 여성과 아이들 가운데 80퍼센트에 이르는 130만 명이 먹고살 길을 찾아 집을 떠나 나라 곳곳을 떠도는 유민流民이 됐습니다. 가뭄은 소말리아에만 영향을 미친 게 아니라 주변의 여러 나라를 휩쓸었어요. 소말리아, 에티오피아, 케냐 등에서 가축들이 죽고 2300만 명에 이르는 사람이 식량 불안에 시달렸습니다.

소말리아는 원래 국제사회의 도움을 많이 받아왔습니다. 그런데 2022년 러시아가 우크라이나를 침공했어요. 그러자 아프리카에 기부하던 유럽의 국가들이 원조 예산을 우크라이나 혹은 자국 내에 들어와 있는 우크라이나 난민들에게 돌렸습니다. 아프리카로 가는 원조의 몫이 줄어들 수밖에 없었어요. 이런 국제 상황도 아프리카의 식량 문제에 악영향을 미쳤다고 해요.

세계에서 말 그대로 '굶어 죽는' 사람들의 숫자는 20세기 후반부터 크게 줄었어요. 하지만 '죽을' 정도는 아니더라도 하루에 기본적으로 먹어야 하는 양, 섭취해야 하는 열량과 영양분이 모자라면 아이들이 제대로 성장하지 못하고 어른들은 일을 하기가 힘들어집니다. 그런 상황을 식량 불안, 식량 위기 등으로 표현합니다. 식량 위기가 정말 심해져서 못 먹고 숨지는 사람들이 생겨나는 사태를 기근이라고 하고요.

세계 여러 지역의 식량 위기 상황을 모니터링하는 '통합 식량안보 단계 분류IPC'라는 것이 있습니다. 여기서는 식량 위기를 다섯 단계로 구분해요. 1단계 정상Minimal, 2단계 경고Stressed를 지나 상황이 더 심각해지면 3단계 위기Crisis가 됩니다. 4단계 비상Emergency, 그보다도 심해지면 5단계는 기근Famine입니다.

유엔 산하 기구인 세계식량계획World Food Programme, WFP은 세계에서 먹을 것이 모자라 고통받는 사람이 얼마나 많은지 실시간으로 보여주는 '굶주림 지도HungerMap Live'를 만들고 있어요. 지도를 보면 아프리카 대륙의 가운데에 허리띠처럼 빨갛게 위기 상황을 표시한 점들이 보입니다. 인

© https://hungermap.wfp.org

세계식량계획에서 만든 '굶주림 지도'. 세계에서 굶주림으로 고통받는 사람이 어느 지역에 얼마나 많은지를 실시간으로 보여준다.

도 위쪽 아프가니스탄 일대, 중남미 일부 지역에도 빨간 점이 군데군데 찍혀 있습니다.

세계식량계획에 따르면, 2023년에는 세계에서 3억 4520만 명이 식량을 안정적으로 공급받지 못할 것이라고 해요. 2020년의 두 배가 넘는 숫자입니다. 3년 사이 왜 이렇게 상황이 나빠졌냐고요? 코로나19 팬데믹을 거치면서 세계의 식량 공급망이 불안정해졌기 때문입니다. 코로나 이전보다 끼니 걱정을 해야 하는 사람이 2억 명 더 늘어났거든요. 위기에 몰린 사람 가운데 90만 명 이상은 거의 기근에 가까운 상황이에요.

세계에서 굶주리는 사람들의 70퍼센트는 전쟁과 폭력으로 고통받는 지역에 살고 있습니다. 세계의 식량 생산량 자체가 모자라서 못 먹는 게 아니라, 식량은 충분히 생산되는데 먹을 것을 사거나 공급받지 못하는 지역에서 굶주림을 겪는 것이지요. 전쟁, 분쟁으로 경제가 무너지는 것이 가장 큰 원인입니다.

거기에다 기후 위기도 점점 심해지고 있다고 세계식량계획은 설명합니다. 기후 패턴이 바뀌면 농작물 수확량이 줄어들고, 가난한 지역의 가난한 농민들은 당장 먹고살기가 힘들어집니다. 아프리카 북부의 거대한 사하라사막에 연결된 건조한 지대를 '사헬'이라고 불러요. 사헬 지대에 있는 중앙아프리카공화국, 남수단 같은 나라들과 아프리카의 뿔에 있는 나라들, 시리아와 예멘처럼 분쟁에 휘말려 있는 데다 기후 영향도 받는 나라들, 중앙아메리카의 섬나라 아이티와 아시아의 아프가니스탄 같은 나라들은 기후 요인과 분쟁 등 정치적 요인들이 겹쳐 굶주림이 심해진 지역입니다.

전쟁은 가난한 나라에만 영향을 미치는 것이 아니에요. 우크라이나 전쟁으로 연료값이 오르고 덩달아 식료품 값도 크게 올랐어요. 이렇게 되면 빈국이 아닌 나라에서도 저소득층들의 생활이 크게 힘들어집니다.

유엔아동기구(유니세프)는 영양실조로 고통받는 임산부와 소녀들 수가 코로나19 이후 2년 동안 25퍼센트나 늘었다고 밝혔습니다. 소말리아, 에티오피아, 아프가니스탄처럼 세계에서 가장 가난한 지역들이 가장 큰 피해를 입었다고 해요. 유니세프는 전 세계적으로 10억 명 이상의 여성과 청소년 소녀들이 영양실조 상태에 있다고 봅니다. 이 10억 명의 여성과 사춘기 소녀들 가운데 70퍼센트 가까이가 저체중이고, 60퍼센트는 빈혈이라고해요. 먹을 것이 모자라면 가족 안에서 남성들에게 주로 먹을 것이 돌아가고, 여성들은 뒷전으로 밀리는 탓이 큽니다.

아이를 가졌거나 장차 아이를 낳을 여성들이 영양을 제대로 섭취하지 못하면, 면역력이 떨어지고 임신과 출산 과정에서 생명을 위협하는 합병증에 걸릴 가능성이 높아집니다. 그리고 아이는 태아 시절에 영양을 충분히 공급받지 못하면 태어난 뒤에 인지 발달이 늦다고 합니다. 세계에서

빗물 웅덩이에서 물을 긷고 있는 에티오피아 소녀들과 여성들. 유니세프는 전 세계적으로 10억 명 이상의 여성과 청소년 소녀들이 영양실조 상태에 있다고 본다.

2세 미만 어린이 가운데 5100만 명이 장애를 겪고 있습니다. 유니세프는 그중 절반이 엄마의 임신 기간과 생후 6개월 동안 영양을 제대로 공급받지 못한 데에서 비롯한다고 추정합니다. 이 모든 것이 저개발국에서 가난의 고리가 끊어지지 않게 만드는 요인입니다.

세계를 GDP 순서로
줄 세우면

지구상에는 좀 더 잘사는 나라도 있고, 그보다 덜 부유한 나라들도 있습니다. 인구 대다수가 많이 가난한 빈국들도 있고요.

세계은행 통계로 각국의 경제 규모를 살펴볼게요. 2022년 국내총생산GDP 추정치를 기준으로 봤을 때 세계에서 경제 규모가 가장 큰 나라는 미국입니다. GDP가 25조 달러에 달해요. 2위인 중국은 약 18조 달러, 일본이 약 5조 달러였습니다. 이어 독일, 영국, 인도, 프랑스, 이탈리아, 캐나다, 한국 순서예요. 그 뒤로 러시아, 브라질, 호주, 스페인,

인도네시아 같은 나라들이 있습니다.

　인구가 많으면 경제 규모는 자연스럽게 커집니다. 그래서 한 나라의 경제가 실제로 얼마나 발전했는지를 보려면 1인당 GDP를 평가하는 것이 더 나을 수 있습니다. 세계은행에서 발표한 2021년 각국의 1인당 실질 GDP를 보면, 1위는 룩셈부르크로 13만 4500달러예요. 2위는 싱가포르인데 11만 6500달러를 기록했어요. 3위는 아일랜드였고, 이어서 카타르, 노르웨이, 스위스, 아랍에미리트연합UAE, 미국, 브루나이, 덴마크, 네덜란드, 스웨덴, 벨기에 등이 있습니다. 한국은 이 순위로는 27위를 기록했어요.

　1인당 GDP 순위에서 앞쪽에 위치한 나라들을 보면 몇 가지 카테고리로 구분할 수가 있습니다. 룩셈부르크와 싱가포르는 '도시국가' 수준의 작은 나라들입니다. 카타르, 노르웨이, 아랍에미리트, 브루나이, 바레인 등은 산유국입니다. 자원이 많으면서 상대적으로 인구가 적은 나라들이지요. 그 외에는 유럽 국가들, 그리고 미국이나 한국처럼 산업이 발달한 나라들입니다.

　GDP라는 개념에는 주로 여성들이 하는 가사 노동처럼 값이 매겨져 거래되는 것이 아닌 생산 활동은 포함되지 않습니다. 또한 재화나 서비스가 얼마나 생산됐는지만을 측정한 것이어서, 생산에 따르는 환경 파괴 같은 것들을 고려하지 않는 단점이 있어요. 그래서 실제로 어느 나라 사람들이 어느 정도나 '괜찮은' 삶을 누리는지를 보려면 다른 여러 요인들을 고려해야 합니다.

국제사회에서 '선진국, 후진국' 같은 말들은 옳지 않은 표현이라 잘 쓰이지 않습니다. 그 대신 '개발된 나라' '개발이 진행 중인 나라(개발도상국)' '저개발된 나라' 등으로 구분하는데, 이는 산업이 얼마나 발전했느냐를 기준으로 합니다. 산업은 결국 인간을 위한 것이고, 인간의 삶이 얼마나 발전해 있느냐가 가장 중요하겠지요.

유엔개발계획United Nations Development Programme, UNDP이 만든 '인간개발지수Human Development Index, HDI'는 그런 면에서 훌륭한 지표입니다. 유엔개발계획은 해마다 이 지수를 산정해 「인간개발보고서」를 내는데, 삶의 질을 비교적 고르게 반영하고 있습니다. 국민소득뿐 아니라 교육수준, 글을 읽을 줄 아는 사람들의 비율, 학교에 다니는 비율, 평균 기대 수명 등을 고루 측정해서 종합한 것이거든요.

인간개발지수로 보면 스위스, 노르웨이, 아이슬란드,

덴마크, 스웨덴, 아일랜드 등 유럽 국가들이 상위권에 포진해 있습니다. 그 외 지역에서는 호주 정도가 10위 안에 들어가고요. 한국은 1990년에 130개 국가 가운데 34위였지만, 2021~2022년 보고서에서는 19위로 올라갔습니다. 한국인들이 누리는 삶의 질이 빠른 속도로 나아지고 있다고 볼 수 있겠지요.

반면에 최하위권에 위치한 나라들은 아프리카의 니제르, 중앙아프리카공화국, 차드, 부룬디, 남수단, 말리 등입니다. 하위 10개 국가 대부분이 아프리카 나라들입니다. 유엔은 특히 삶의 질이 아주 낮은 나라들을 최저개발국least developed countries, LDCs으로 부릅니다. 아프리카의 빈국들 외에 아프가니스탄, 방글라데시, 부탄, 라오스, 미얀마, 네팔 같은 아시아 나라들과 솔로몬제도, 투발루 등 남태평양의 섬나라들이 이에 해당합니다.

그들은
왜 가난할까

나라들을 쭉 줄 세우는 것은 사실 옳은 태도라고 볼 수 없어요. 돈을 기준으로 사람을 줄 세우면 안 되는 것처럼, 경제적인 수준만으로 한 나라를 평가하고 편견을 굳힐 수 있기 때문이에요. 그럼에도 이렇게 잘사는 나라와 못사는 나라들의 랭킹을 보여준 것은, 그 양쪽 국가들 사이에 공통된 패턴이 있는지, 어떤 요인들 때문에 발전하지 못했는지 얘기하기 위해서입니다.

가난한 나라들에는 대체로 공통점이 있습니다. 가장 먼저 꼽으라면 다른 나라의 식민통치를 받았다는 사실이에요. 거기에 더해 아프리카 국가들은 수백 년에 걸친 노예무역의 피해를 입었습니다. 발전하는 데에 꼭 필요한 인적 자원을 유럽 강대국들의 노예무역에 빼앗겼으니, 백인들에게만 부를 몰아준 식민 점령통치에 더해 이중으로 수탈을 당한 것이지요.

1960년대에 이르면 식민지였던 나라들 거의 대부분이 독립하는 이른바 '탈식민 시대'가 옵니다. 하지만 그 나라들이 물려받은 것은 유럽 국가들이 멋대로 그어놓은 국경과 헐벗은 땅인 경우가 많았어요. 남이 그어놓은 국경을 놓고 분란이 벌어지거나, 억지로 한 나라의 국민으로 묶인 사람들 사이에 내전이 벌어지거나, 점령국들이 갈라놓은 계급으로 독립 뒤에도 사회 갈등을 일으키기도 했습니다. 교육 수준도 낮고 제도적, 법적인 틀을 스스로 발전시킬 기회가 적었기에 경제 발전의 길에 성공적으로 들어서지 못하는 나라가 많았던 것입니다.

제2차 세계대전 이후부터 1991년 냉전이 끝날 때까지 세계는 미국 진영과 소련 진영으로 양분돼 있었습니다. 그 시절에는 발달된 자본주의 국가들을 '제1세계', 공산권 국가들을 '제2세계'라 부르고 나머지 개발이 덜 된 나라들을 '제3세계'라 칭했어요. 냉전이 끝난 뒤로는 부자 나라들을 지구의 '북반구', 빈곤한 나라들을 '남반구'라고 부르곤 해요. 적도 이남의 부자 나라들이 들으면 좀 억울하겠지만, 대체로 지구상의 북쪽에 있는 나라들이 부유한 까닭에 그런 용어가 굳어졌습니다.

세계의 남반구와 북반구 사이에 빈부 차이가 극심해진 과정을 보여주는 단적인 사례가 중앙아메리카 카리브해의 섬나라 아이티입니다. 과거에는 프랑스 식민지였고, 아프리카에서 붙잡아간 노예들을 부리는 대규모 사탕수수 농장들이 있었습니다. 그 덕에 한때는 프랑스 '제국' 안에서 엄청난 부를 생산하던 곳이에요.

1791년 아이티에서는 대규모 흑인 반란이 일어났고, 세계 최초로 흑인 노예들이 독립 공화국을 세웠습니다. 강제 노동에 시달리던 노예들과 자유 신분이 된 노예 출신 흑인들이 일으킨 혁명이었지요. 하지만 그 대가는 가혹했습니다. 프랑스의 거센 탄압에 맞서 많은 피를 흘리며 독립을 쟁취했지만 백인들이 운영하던 대규모 사탕수수 농장, 즉 '플랜테이션'들이 많이 파괴됐고 그 외에 다른 경제적인 발전 수단을 찾기가 힘들었습니다.

지진에 무너진 집들. 2010년 아이티 수도 포르토프랭스에서 발생한 지진은 매우 큰 피해를 남겼다. 이 지진으로 가난한 나라 아이티는 더 깊은 수렁에 빠졌다.

    프랑스는 아이티에 거액의 배상금을 물렸습니다. 노예로 수탈당한 사람들에게 배상을 해주는 것이 아니라, 노예들의 독립으로 손해를 본 노예 소유주들에게 배상을 해준 거예요. 1825년에 배상금이 정해졌는데, 학자들 분석으로는 당시 아이티 국민소득의 세 배에 이르는 액수였다고 합니다. 아이티는 이 돈을 프랑스인들에게 물어주기 위해 5퍼센트의 이자를 내고 돈을 빌렸고, 갈수록 늘어나는 빚의 악순환에 빠졌습니다. 노예무역 시대 이래로 대물림돼온 빈곤, 피해자가 가해자에게 배상한 노예해방 배상금, 식민 시절 만들어진 착취형 경제 구조가 출발부터 아이티의 발목을 잡던 것이지요.

물론 독립 이후에 통치를 잘못한 탓도 컸습니다. 미국의 지원을 받는 독재자들이 대를 이어 집권하면서 아이티는 최빈국으로 전락했습니다. 설상가상으로 2010년에는 대지진까지 일어나서 20만 명 넘는 이가 목숨을 잃었답니다. 정말 안타까운 일이에요.

아이티는 극단적으로 운이 나쁜 사례일 수 있지만, 저개발국들이 걸어온 경로에는 어느 정도 공통점이 있습니다. 점령 통치, 열강의 수탈, 독립 뒤에도 나쁜 통치가 이어진 상황과 그리고 이를 유도한 강대국의 점령이나 개입, 낮은 교육 수준 같은 것들 말입니다. 제2차 세계대전이 끝난 뒤 세계경제가 고속성장을 했는데, 저개발국들은 그 흐름에 올라타지 못한 채 기회를 잃었습니다. 1970~1980년대 이후로는 미국을 등에 업은 국제 금융기관들의 압박으로 오히려 시장을 개방하고 미국을 비롯한 외국 자본에 나라를 통째로 내놓다시피 해야 했다는 점도 비슷합니다.

'실패한 국가'의
고통받는 사람들

　앞에서 이야기한 소말리아는 사하라사막이 끝나는 곳에 있습니다. 수도는 모가디슈이고 기후는 주로 건조하고, 덥고, 가시덤불 지대인 사바나와 반半사막으로 이루어져 있습니다. 소말리아 사람들은 씨족 사회에 기반을 두고 살아가는 무슬림이 많은데, 국민의 약 5분의 3은 유목을 하거나 농경과 목축을 병행하며 이동식 생활을 한다고 해요.

　1960년 옛 이탈리아 식민지와 영국 보호령이 합쳐져 소말리아공화국이 탄생했습니다. 군인 출신인 모하메드 시아드 바레라는 인물이 1969년 10월부터 장기 집권을 했습니다. 반대 세력이 내전을 일으켜 1991년 1월 그를 쫓아냈습니다. 하지만 시아드가 권좌에서 물러난 뒤에도 전쟁은 계속됐고, 효과적인 중앙 정부가 없는 상황이 21세기까지 이어졌습니다. 게다가 1991년 북부에서는 정부의 힘이 못 미치는 상황을 틈타 주민들이 '소말릴란드'라는 이름으로 독립을 선언했습니다. 1998년에는 북동부의 푼틀란드라는 지역이 독립을 주장했고요. 이 독립국가들은 국제적으로 인정받지는 못하지만 중앙 정부의 통제가 미치지 않는 지역으로 계속 남아 있습니다.

수십 년에 걸친 내전으로 소말리아의 경제와 인프라는 거의 파괴되었고, 전 국토가 여러 무장 세력의 통치 아래 갈가리 찢겼습니다. 2012년 모가디슈에 새 정부가 들어서고 소말리아 연방공화국이 출범했어요. 하지만 정부의 영향력이 미치는 곳은 그 뒤에도 일부 지역에 그쳤습니다. 게다가 '알샤바브'라고 불리는 이슬람 극단주의 조직이 기승을 부리며 일부 지역에서 주민들을 상대로 폭력을 저질렀습니다. 폭력과 경제난 속에 국민의 삶은 피폐해졌고, 일자리는 없었습니다.

그런데 소말리아 앞바다 아덴만은 유럽과 아시아를

잇는 물류의 요충지입니다. 그 바닷길을 지나는 배들을 상대로 한 해적질이 판치기 시작했습니다. 한국의 선박이 납치된 적도 있고요. 국제사회의 소탕 작전으로 해적 행위는 많이 줄었다지만, 사실상 국가가 제대로 기능하지 못하는 상황이라 이 나라를 '실패한 국가'라 부르는 이가 많습니다. 척박한 기후 조건, 식민통치, 내전, 극단주의 등등이 얽혀 소말리아는 세계 최빈국 중 하나가 된 것이지요.

아프가니스탄(아프간)도 비슷해요. 영국이 인도를 통치하던 때에 멋대로 이웃한 아프간과의 구분선을 그은 게 그대로 국경이 돼버렸습니다. 독립한 왕국이 있었지만 1980년대 내내 옛 소련의 침공과 점령을 당했습니다. 소련이 무너진 뒤 1990년대 아프간에서는 내전이 일어났고, 이슬람 극단주의 무장 조직인 탈레반이 매우 억압적인 정권을 세웠습니다.

2001년 미국은 탈레반이 테러 조직을 옹호하고 있다면서 아프간을 침공했습니다. 미군 통치 기간을 거쳐 새 정부가 세워졌지만, 이곳은 황량한 산악 지대가 많고 내전이 끝나지를 않았지요. 돈이 많이 들고 미군이 많이 죽자 부담이 커진 미국은 2021년 아프간에서 군대를 빼냈습니다. 그

2021년 미군이 철수한 뒤 아프간을 탈출하기 위해 카불 공항에 모여 있는 사람들.

러자 억압적인 탈레반 정권이 다시 들어섰습니다. 아프간에서 탈출하기 위해 수도 카불의 국제공항으로 몰려든 외국인들, 그들을 따라가려는 아프간 사람들의 처절한 몸부림이 세계에 충격을 주었지요.

　　당시 구호기구들도 어쩔 수 없이 탈출했고, 세계의 원조가 끊기면서 식량 위기가 나타났습니다. 세계식량계획에 따르면 열 집 가운데 아홉 집은 탈레반 집권 뒤 1년 넘게 끼니를 충분히 먹지 못하고 있다고 해요. 가계소득은 계속 줄어들고 있습니다. 약 8퍼센트의 가구는 현금소득이 전혀 없다고 하니 대체 어떻게들 살아가고 있을까요. 적게나마 버는 돈은 모두 음식에 들어갑니다. 두 집 가운데 한 집은 '비상 모드', 즉 음식을 빌리거나 어른들 먹는 양을 줄인 상황이고요. 40퍼센트는 병에 걸렸을 때 보건소나 병원에 갈 수 없다고 답했답니다.

소말리아와 아프간 두 나라는 내전을 겪었다는 것 말고도 건조하고 황량한 지대에 있다는 공통점이 있어요. 이처럼 지리적 한계가 발전에 장애물이 되는 나라가 적지 않습니다. 아프리카 사하라사막 남쪽의 중앙아프리카공화국 같은 나라는 식민지 시절 유럽인들이 그어놓은 선대로 국경이 그어지면서 내륙 한복판에 갇힌 채로 독립국가가 됐습니다. 바다가 없으니 수출 산업은 애당초 힘들었던 것이지요.

반대로 온통 바다로 둘러싸인 섬나라는 어떨까요? 남태평양의 섬나라 나우루는 세계에서 가장 작은 공화국입니다. 인구가 점점 줄어 지금은 1만 명도 안 됩니다. 워낙 땅도 작고요. 비료를 만드는 데 쓰이는 인산염이라는 자원을 거의 다 파내어 팔아버린 뒤로는 돈줄이 막혔습니다. 그래서 지금은 가장 가까운 큰 나라인 호주가 떠넘긴 난민을 대신 수용해주는 대가로 호주의 원조금을 받으며 살아갑니다. 호주의 행위는 무책임하고 부도덕하지만, 거기 매달려 살아가야 하는 나우루 사람들의 처지는 참 딱하지요.

북한은 어떨까요? 척박한 산악 국가도 아니고 사막 기후도 아니지만 세습 독재 체제를 지키기 위해 세계에 문을 닫아걸고 있고, 핵무기를 개발해 국제사회의 제재를 받고 있습니다. 이 때문에 식량 위기가 되풀이됩니다. 북한은 잘못된 통치가 발전을 가로막고 있다고 봐야겠지요. 그 고통을 온전히 '인민들'이 떠안는 것이고요.

가난한 사람들을
더 괴롭히는 기후 위기

　2022년 여름 파키스탄에서 큰 물난리가 났습니다. 6월부터 시작된 홍수가 8월에는 국토의 3분의 1을 물에 잠기게 만들었습니다. 홍수로 1500명 이상이 목숨을 잃었는데, 그중 550여 명이 아이들이었습니다. 피해를 입은 사람은 3300만 명으로, 2억 4000만 인구 가운데 15퍼센트 가까이가 영향을 받았습니다. 가라앉거나 부서진 집이 100만 채가 넘었습니다.

　인도, 파키스탄, 방글라데시 등이 위치한 남아시아는 원래 열대성 강우인 몬순이 여름마다 찾아오는 지역입니

© Ali Hyder Junejo

파키스탄은 2022년 여름 홍수로 국토의 3분의 1이 물에 잠겼다.

다. 그런데 기후 변화로 상황이 점점 안 좋아지고 있습니다. 바다의 온도가 올라가면서 대기의 에너지가 비축되는 탓에 원래 있던 자연현상이지만 강도가 세지고 불규칙해진 것이지요. 특히 세계 평균보다 인도양 지역은 기온 상승 폭이 더 큽니다. 인구가 많은 인도, 파키스탄, 방글라데시 등의 저지대는 기후 재난이 집중되는 곳으로 2017년에도 큰 물난리를 겪었습니다.

세계은행과 아시아개발은행의 조사에 따르면, 1959년 이후 세계에서 뿜어져 나온 탄소 가운데 파키스탄이 내놓은 것은 0.4퍼센트에 불과합니다. 그럼에도 세계에서 기후에 가장 취약한 지역이 됐습니다. 온실가스 배출량은 미국이 21.5퍼센트, 중국 16.5퍼센트, 유럽연합이 15퍼센트를 차지하는데도 말이에요. 파키스탄 정부는 "우리가 기후 재앙으로 고통받고 있지만 이 재앙은 우리 탓이 아니다"라고 했습니다.

마다가스카르는 2021년에 식량 위기를 겪었습니다. 기후 변화로 비 오는 패턴이 바뀌고 가뭄이 계속된 탓이지요. 유엔은 "극심한 가뭄이 마다가스카르를 세계 최초의 '기후 변화 기근'으로 내몰고 있다"고 했습니다. 굶주림 때문에 아이들이 학교에 못 가고 도적들이 판을 쳤습니다. 그럴 때 유엔 등 국제기구들은 세계에 손을 내미는 수밖에 없습니다.

세계불평등데이터베이스WID의 「2023년 기후 불평등 보고서」는 이렇게 지적합니다. 세계에서 탄소 배출이 많은 상위 10퍼센트가 지구상에 뿜어져 나오는 탄소의 거의 절반을 배출하고 있다고. 가난한 지역에는 제조업이 발달하지 않아 농업에 의존하는 사람이 많은데, 기후 변화로 농업 생산성이 30퍼센트 날아갈 판이래요. 그러면 가난과 식량 불안이 더 심해지겠지요.

기후 재난은 기후뿐 아니라 그 사회의 인프라와 연관돼 있습니다. 현재 전 세계적으로 7억 8000만 명 이상이 빈곤과 심각한 홍수가 겹치는 복합적인 위험 앞에 놓여 있으며, 그들 대부분은 개발도상국에서 거주합니다. 이번 세기 말까지 열대, 아열대 국가들 가운데 상당수는 기후 재앙 때문에 80퍼센트 넘게 소득이 줄어들지도 모른대요.

국가 사이 불평등 못지않게 한 나라 안에서의 불평등도 문제입니다. 에어컨을 시원하게 틀고 더위를 넘기는 사람들이 에너지를 훨씬 많이 쓰는 것은 분명합니다. 하지만 기후 변화로 폭염이 잦아지면서 고통받는 이는 에어컨이 없거나 전기료 걱정에서 벗어날 수 없는 저소득층이잖아요. 이런 사람들을 '에너지 취약층'이라고 부르는데, 극단적인 날씨로 질병이 늘고 수명이 줄어드는 피해는 바로 이들에게 돌아갑니다.

대부분의 저개발국은 물론이고 부자 나라에서도 기후 변화의 피해를 많이 입는 것은 열악한 주거 환경에서 사는 저소득층, 인프라가 부실한 뒤처진 지역의 주민들이에요. 이들이 피해를 덜 입게 하려면 탄소 배출을 줄이는 것과 함께, 당장의 피해에서 벗어나게 할 돈이 필요합니다. 그래서 국제기구들은 "전 세계 탄소 배출량 상위 10퍼센트가 탄소 배출을 줄이면 빈곤층을 빈곤에서 벗어나게 하는 데 필요한 예산을 확보할 수 있다"고 말합니다.

물에 빠진 사람을
구해줄 수는 없을까

2022년 월드컵을 치른 카타르. 하늘을 찌르는 빌딩숲과 사막을 가로지르는 도로들이 눈길을 끌었지만, 그 빌딩들과 도로와 경기장을 짓는 데 동원된 노동자들의 열악한 현실이 이슈가 됐습니다. 카타르뿐 아니라 부자 나라 산유국들의 화려한 이면에는 네팔, 방글라데시, 파키스탄 등 남아시아 지역에서 건너간 노동자들의 열악한 삶이 있습니다.

2023년 3월 이탈리아 남쪽 지중해에서 배가 침몰해 60명 가까이 사망하고 수십 명이 물에 휩쓸려가 실종됐습니다. 다행히 80여 명은 구조됐지만, 숨진 이들 중에는 아이들도 있었어요. 배에는 아프간, 파키스탄, 소말리아, 이란을 떠나온 이주민들이 타고 있었습니다. 튀르키예에서 출항한 보트를 타고 유럽으로 건너가려 했는데 풍랑을 만나 비극을 당했습니다.

이들처럼 유럽으로 가기 위해 보트에 몸을 실었다가 지중해에 빠져 죽는 사람이 해마다 수백 명에 이릅니다. 아프리카뿐 아니라 아시아와 중동에서 먼 길을 떠난 사람들도 적지 않습니다. 자기 나라에서는 여러 가지 이유로 살기가 힘들어서 목숨 걸고 남의 나라로 가는 사람들이지요.

이런 이주민들에게 '불법' 딱지를 붙여 빗장을 걸어 잠그기에 앞서, 이주를 부르는 근본적인 원인인 세계의 경제적 불균형과 이를 조금이라도 해소할 방법을 찾아야 한다는 목소리가 큽니다. 그러기 위한 첫걸음은 세계가 이어져 있음을 인식하는 것입니다.

우리나라를 예로 들어보겠습니다. 한국은 수출로 경제를 일으켰고, 세계 경제의 흐름에 깊이 개입돼 있습니다. 1인당 에너지 소비량이 많은 것에 비해, 기후 대응에서는 그리 적극적이지 않았습니다. 한국은 석유를 사들이는 나라입니다. 그 석유의 3분의 1은 사우디에서 오고요. 석유를 세계에 팔아 돈을 번 사우디는 무기를 사들여 가장 가난한 이웃 나라 예멘을 공격했습니다. 예멘인들 가운데 일부는 난민이 되어 한국으로 왔고요.

그래서 우리는 "왜 한국에 온 거야"라고 따지기 전에, 연결 고리들을 봐야 합니다. 지구에서 함께 살아가는 사람으로서, 우리가 세계로부터 받아온 것과 발전된 나라의 시민으로서 갖는 책무를 생각해봐야 한다는 겁니다.

호주 출신의 윤리학자 피터 싱어는 『세계화의 윤리One World: The Ethics of Globalization』에 이렇게 썼습니다.

"당신이 뉴욕에 있는 아파트에서 땀 냄새를 없애려고 프레온 가스가 함유된 스프레이를 사용한다면, 몇 년 후에 칠레의 푼타아레나스에 살고 있는 사람들이 피부암을 일으켜 사망할 수도 있다. 당신이 모는 자동차에서 배출되는 이산화탄소가 방글라데시에 치명적인 홍수를 일으키는 인과 고리의 일부가 될 수도 있다. 이런 새로운 상황을 고려해 우리의 윤리를 어떤 식으로 조정할 수 있을까?"

다음 장에서는 그런 윤리가 어떻게 만들어져왔고 어떤 효과를 발휘했는지, 한계는 무엇인지에 대해 알아볼게요.

세계의 구호기구들

　2023년 2월 튀르키예에서 규모 7.8의 강진이 발생했습니다. 이 재해로 4만 5000여 명이 사망하고, 10만 명이 넘는 부상자가 발생했습니다. 이웃한 시리아에서도 5900여 명이 숨지고 1만여 명이 다쳤고요. 세계 각국이 도움의 손길을 내밀었습니다. 한국도 긴급구호대를 꾸려 현장으로 보냈습니다.

　긴급구호대는 재난이 발생한 곳에서 사람들을 구하고 치료해주는 사람들입니다. 무너진 건물들 밑에서 살아 있는 이들을 찾아서 구하고 주검을 수습하는 일도 해요. 정부들 외에도 유엔 기관들과 여러 민간 구호단체들이 튀르키예와 시리아에 옷이나 담요, 먹거리 등 필요한 물품을 보내고 성금을 모아 줬습니다.

지진이나 화산 폭발, 가뭄 같은 자연재해가 일어났을 때, 혹은 내전이나 학살 같은 상황이 벌어졌을 때, 어려운 상황에 처한 이들에게 도움을 주는 것을 구호활동 혹은 긴급구호활동이라고 부릅니다. 국제구호는 유엔 등과 같이 여러 국가가 회원으로 참여하는 국제기구를 통해서 혹은 개인이나 민간단체들이 자체적으로 조직한 비정부기구NGO 등을 통해 국경을 넘어 이뤄지는 활동을 가리킵니다. 이런 일을 하는 이들을 구호활동가라고 하고요.

구호활동을 하는 대표적인 기구는 유엔 산하 조직들입니다. 1949년 난민을 보호하고 난민 문제를 해결하기 위해 구성된 유엔난민기구UNHCR, 기아를 퇴치하고 긴급 재난이 발생했을 때 식량을 지원하는 등의 활동을 펼치는 세계식량계획WFP, 어린이의 인권과 권리를 지키고 보건, 영양, 교육, 긴급구호 사업 등을 진행하는 유니세프UNICEF 등이 대표적입니다.

하지만 유엔이 세계의 모든 일을 책임질 수는 없습니

지진 피해 지역의 유엔 차량. 유엔난민기구, 세계식량계획, 유니세프 등은 구호활동을 하는 유엔 산하 조직이다.

다. 유엔 기관이나 각국 정부가 위기 상황에 접근하기에는 현실적으로 힘든 일도 많고요. 재난의 규모는 작지만 꼭 해결해야 할 문제들, 여러 나라의 이해관계가 맞부딪쳐서 해결하기 힘든 문제들에서는 정부나 유엔 기구가 아니라 시민들이 모여 만든 민간단체들이 더 쓸모 있는 해법을 내놓을 수도 있습니다. 이런 민간단체들을 비정부기구라고 부릅니다. 세계에 4만 개가 넘는 국제 구호기구들이 있다고 하는데, 국경을 넘나드는 문제가 아닌 한 국가 안에서 활동하는 단체들까지 합치면 그 수는 훨씬 더 많을 것입니다.

광범위한 국제 구호활동을 벌이는 민간단체에는 어떤 것들이 있을까요? 대표적인 단체가 국경없는의사회Médecins Sans Frontières, MSF입니다. 1971년 프랑스의 의사와 간호사, 언론인 등이 설립한 국제 의료지원 단체입니다.

분쟁이 벌어진 지역의 주민들이 굶고 다치고 죽어 나가는데도 다른 나라 정부들은 주권 침해가 될 수 있다며 방치합니다. 또 분쟁이 일어난 나라의 정부나 무장단체들이 국경을 닫아걸고 구호조차 막는 경우가 적지 않습니다. 이런 일들을 목격한 의료인들은 국경이 의료에 방해가 되어서는 안 된다고 생각했어요. '환자가 있는 곳으로 간다'는 목적 아래 이름 그대로 국경을 초월한 국경없는의사회가 만들어졌습니다.

이들의 활동은 인종, 종교, 정치적 성향을 떠나 누구나 아프면 치료받아야 한다는 생각을 바탕으로 합니다. 코로나19가 확산되던 시기에는 감염병 대응에 힘을 보탰지요. 우크라이나의 전쟁터와 튀르키예, 시리아의 지진 현장에도 이들이 있어요. 또한 국경없는의사회는 고통받고 도움이 필요한 이들의 상황을 '증언'하는 것도 중요하게 여깁니다.

1999년 국경없는의사회는 세계 80여 개국에서 인도주의 활동을 펼친 공로를 인정받아 노벨평화상을 받았습니다. 당시 국경없는의사회 국제회장이던 제임스 오르빈스키 박사는 수상 연설에서 "대학살을 멈출 수 있는 의사는 없다. 평화를 만들어낼 수 있는 인도주의자도 없다. 이것은 인도주의적 의무가 아니라 정치적 책임"이라며 위기를 막아야 할 정치인들의 책임을 강조했습니다.

어린이들을 위한 활동을 펼치는 세이브더칠드런Save the Children도 역사가 100년이 넘은 민간 국제 구호단체입니다. 제1차 세계대전이 끝난 뒤 패전국인 오스트리아의 국민들은 교역할 길이 끊겨 극심한 생활고에 시달렸습니다. 1919년 영국의 사회운동가 에글렌타인 젭은 이런 상황을 알리고 돈을 모으기 위해 굶주린 아이의 사진이 담긴 전단을 만들어서 돌렸습니다. 오스트리아를 봉쇄해 먹을 것조차 수입할 길을 막아서는 안 된다고 주장한 것이지요.

하지만 오스트리아가 영국의 적국이었기 때문에, 젭은 적을 돕자고 주장한 범죄자로 몰렸습니다. 그는 영국에서 '전시 국토방위법'을 위반한 혐의로 재판을 받게 됐습니다. 오히려 이 재판이 오스트리아의 기아를 널리 알리는 계기가 됐고, 세이브더칠드런 기금이 만들어졌습니다.

1923년에 젭은 다섯 개 항목으로 된 '아동권리선언
문'을 썼습니다. 유엔의 전신인 국제연맹은 이듬해 이 선언
문을 '아동권리에 관한 제네바 선언'으로 채택했습니다. 그
후 제2차 세계대전 등을 거치며 세이브더칠드런은 전쟁터
에서 아이들을 지원해왔고, 지진이나 쓰나미 같은 재난 현
장에서도 활발한 활동을 이어왔습니다.

한국에서 시작해 세계 여러 나라를 돕는 대규모 구호
단체로 성장한 경우도 있습니다. 1950년 한국전쟁 때 선
교사이자 종군기자였던 미국인 밥 피어스는 아이들을 돕기
위해 월드비전World Vision을 설립했습니다. 70여 년이 지난
현재 월드비전은 100여 개국에서 1억여 명을 도와온 국제
민간구호단체가 되었습니다.

설립 이후 한국이 가난했던 시절에 월드비전은 전
쟁고아를 돕기 위해 보육원이나 병원을 세우고 먹고살기
힘든 농어촌 지역을 돕는 사업을 주로 했습니다. 하지만
1990년대부터는 재난, 기근, 전쟁 등으로 어려움에 처한
여러 나라로 활동 범위를 넓혔습니다. 소외되고 힘든 사람
이 있다면 국적, 인종, 종교 등을 가리지 않고 차별 없이 돕

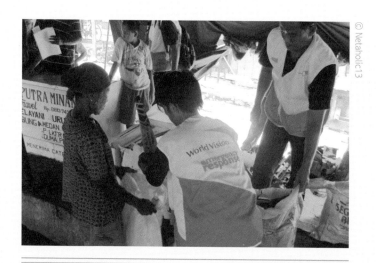

© Netaholic13

월드비전은 1950년 한국에서 시작해 100여 개국에서 활동하는 민간 구호 단체로 성장했다.

는다는 것이 구호의 정신이니까요.

국제 구호기구가 활발한 활동을 벌이면서 빈곤 문제에 대한 세계의 관심을 높인 것이 사실입니다. 하지만 이들의 활동이 논쟁을 불러일으킨 적도 많습니다. 1980년대 구호 단체들은 굶주리고 아픈 아이들의 이미지를 활용해 돈을 모으거나 구호 캠페인을 펼쳤습니다. 배고픈 그 아이의 입장에서 생각해본다면 어떨까요?

'가난한 나라의 가난한 집에서 태어나 가난한 부모 밑

에서 못 먹고 자라는 것은 내 탓이 아니고, 내 부모를 탓하고 싶지도 않을 것이다' '가난하고 배고파도 인권이 있고 초상권이 있다' '아이가 어리고 가난하다는 이유로 그들의 사진을 퍼뜨리면서 도와달라고 모금한다면, 이런 방식의 활동은 도움받을 사람의 존엄성을 해칠 뿐 아니라 특정 지역이나 인종에 대한 편견을 불러일으킬 수 있다'는 비판이 나왔습니다.

덴마크의 활동가 요르겐 리스너는 1981년 「불행을 파는 상인」이라는 제목의 글에서 "절망에 빠진 아버지, 슬픔에 잠긴 어머니, 슬픈 표정의 10대 청소년 등으로 변형된 굶주린 어린이의 이미지"를 비판하면서 "그런 이미지는 포르노에 가까울 정도로 위험하기 때문에 비윤리적이다"라고 지적했습니다.

잠깐, 여기서 '포르노'라는 말이 나오니까 좀 이상하지요? 리스너에 따르면 "포르노는 인간의 신체와 영혼을, 당사자를 존중하지 않고 적나라하게 보여주는 것"입니다. 그러므로 "(굶주림에) 배가 부풀어 오른 아프리카 어린이의 모습을 광고하는 것은 지극히 개인적인 것인 고통을 드러내 보여주는 것이기 때문에 포르노와 다름없다"는 것이지요. 이후로 굶주린 사람들의 모습을 강조하면서 모금하는 것을 가리키는 '빈곤 포르노'라는 표현이 많이 퍼졌습니다.

힘겹게 누운 채 느릿느릿 눈을 껌벅이는 어린아이, 몸과 얼굴에 들러붙은 파리를 쫓을 힘도 없는 앙상한 팔과 다리. 구호기구의 모금 광고에서 종종 보았던 이런 장면들이 아이들을 무기력한 구호 대상으로 여기게 만들고, 편견을 더 고착화하는 것은 분명합니다. 그 지역 사람들이 처해 있는 현실이지 않느냐, 그들을 도울 돈을 마련하려면 어쩔 수 없지 않느냐고 주장할 수도 있겠지요. 그러나 이런 이미지들 속에서, 세계의 일부를 빈곤에서 벗어날 수 없게 만드는 구조적인 원인이나 부자 나라들의 역사적인 책임은 싹 가려지게 됩니다. 마치 그곳 사람들이 인종적으로 문제가 있다거나 타인의 도움이 없으면 영원히 가난에서 벗어날 수 없는 존재인 것처럼 낙인을 찍게 되고요.

이런 지적이 일면서 국제 구호기구들은 캠페인 방식을 많이 바꿨습니다. 유엔이 앞장섰고, 민간기구들도 따랐습니다. 국제 구호기금을 운영하는 노르웨이의 비영리단체 라디에이드Radi-Aid는 매년 여러 단체의 모금 광고 중에서 창의적이고 참신한 광고를 뽑아 상을 줍니다. 의미가 좋고 잘 표현된 광고에는 '황금 라디에이터 상Golden radiator award'을, 그 반대인 광고에는 '녹슨 라디에이터 상Rusty Radiator award'을 줍니다. 황금 라디에이터 상을 받은 광고들은 도움 받는 사람을 수동적이고 무기력한 모습으로 묘사하지 않는 게 특징입니다.

한국의 140여 개 인도주의 단체들의 연합체인 국제개발협력민간협의회의도 '아동권리 보호를 위한 미디어 가이드라인'을 만들어서 "편견을 부르는 특정 인종의 이미지는 사용하지 않습니다" "아동을 동정과 시혜의 대상이나 약자, 피해자로 묘사하지 않습니다" "아동과 그들이 살고 있는 지역사회에 대한 고정관념이나 편견을 형성할 수 있는 보도는 하지 않습니다" 등의 원칙을 정해 놓았습니다. 이는 구호 캠페인뿐 아니라 언론 보도에서도 지켜야 할 원칙이라고 명시했고요.

2장

'세계가 도와야 한다'는 생각

'세계가
도와야 한다'는
생각

모두의
기본권을 지켜라

　2023년 2월 튀르키예와 시리아에 지진이 일어났을 때 현장으로 달려간 구조요원들과 구호활동가들을 앞에서 소개했습니다. 무너진 건물에 깔려 구조를 기다리다 숨진 소녀, 그 소녀 곁에서 마지막까지 손을 붙잡고 있던 아버지의 애타는 마음이 사진으로 전해져 세계를 눈물짓게 했습니다. 이런 큰 재난이 일어나면 짧게는 몇 달에서 길게는 몇 년씩 집으로 돌아가지 못한 채 천막촌에서 지내야 하는 이재민들이 생깁니다.

　재난 현장에는 당장 구조할 구조대원과 의료진이 필

요합니다. 구조에 쓸 장비도 필요하고, 의료장비와 약품도 필요해요. 이재민들이 지낼 텐트와 이부자리, 옷가지, 먹거리도 있어야 하고요.

대규모 재난이 일어나면 그 나라 정부의 힘만으로는 돈과 인력과 장비가 모자랄 수 있습니다. 그럴 때는 세계가 힘을 모아 인력과 장비와 물품을 보냅니다. 이런 활동을 보통 긴급구호라고 불러요. 혼자서는 감당할 수 없는 어려움을 당했을 때라도 가장 기본적인 생명의 유지를 비롯해 삶을 지속할 수 있도록 도움을 주는 것이에요.

'사람답게 살려면 이 정도는 누려야 한다'고 모두가 인정하는 것들이 있습니다. 굶지 않아야 하고, 교육을 받을 수 있어야 하고, 깨끗한 환경에서 병에 걸릴 위험을 되도록 줄이면서 살아야 하고, 범죄나 폭력으로부터 안전을 지킬 수 있어야겠지요. 사상의 자유, 표현의 자유, 내가 가고 싶은 곳으로 가고 내가 살고 싶은 곳에서 살 자유도 누려야 합니다. 죄도 없이 갇히거나 묶여 있지 않을 권리, 성행위나 사생활에 관련된 것들을 내가 스스로 결정할 권리, 사적인 영역을 보호받을 권리, 뜻이 맞는 사람들과 함께 모일 권리도 필요하고요. 이런 것들을 '기본권'이라고 부릅니다.

옛날에는 대다수 사람이 기본권을 누리지 못했지만 18세기에 유럽의 계몽주의 사상가들이 인간의 보편적인 권리를 주장하면서 기본권이라는 개념의 틀이 만들어졌습니다. 기본권은 인종, 성별, 종교나 신분 등에 상관없이 누구나 누려야 할 권리입니다. 사실 헌법이나 법률로 보장하지 않아도, 국가가 인정해주지 않아도, 태어날 때부터 모두에게 있는 것이에요. 이를 세계에 확인시키기 위해 유엔은 1948년 12월 10일 파리에서 열린 총회에서 세계인권선언 Universal Declaration of Human Rights을 채택했습니다.

하지만 실제로는 전쟁 때문에, 가난 때문에, 혹은 나쁜 통치 탓에 기본권을 누리지 못하는 사람들이 있어요. 그런 사람들은 그 나라 정부가 아니더라도 세계가 함께 도와야 합니다. 지진이나 홍수 같은 재난으로 시급히 세계가 힘을 모아야 할 때도 있습니다. 갑작스런 재해가 아니라 장기간 계속해서 도움이 필요할 수도 있습니다. 이스라엘이 건국된 뒤 조상 때부터 살아온 땅에서 쫓겨나 수십 년 동안 난민촌에서 대를 이어 살아가고 있는 팔레스타인 사람들이 그런 경우예요.

아프리카나 아시아에도 수십 년 넘게 난민촌에서 살

중앙아프리카 차드의 난민 거주지. 수단이 극심한 내분을 겪으면서 많은 사람이 국경을 넘어 차드로 대피했다. 난민은 재해뿐 아니라 전쟁, 가난 등 여러 이유로 발생한다.

아가는 사람들이 있어요. 방글라데시에는 미얀마에서 핍박받다 넘어온 소수민족인 로힝야 난민촌이 있고, 인도에는 중국 티베트에서 망명해 온 사람들이 살아가고 있습니다. 태국에도 여러 나라에서 온 난민들이 머물고 있고요. 시리아 내전이 한창일 때에는 이라크와 요르단 등 주변국에 유엔 기관이나 민간 구호기구들이 운영을 맡아 관리하는 난민촌들이 생겨났습니다. 처음엔 긴급구호로 시작되지만 장

기화하기 쉬운 것이 난민 문제랍니다.

코로나19 팬데믹처럼 보건의료 위기가 닥쳤을 때 외부의 지원이 필요한 곳도 있고, 난민으로 집을 떠나지 않았더라도 내전이나 분쟁이 길어지면서 생활에 필요한 시설이나 경제가 파괴돼 먹고살기 힘들어진 곳도 있습니다. 고질적인 빈곤으로 학교는 물론 전기나 수도 시설, 병원 같은 기본적인 인프라가 없어서 앞으로의 발전을 위한 씨앗조차 심지 못하는 지역도 있습니다.

그런 처지에 놓인 사람들을 도와야 한다는 데에 많은 이가 동의하면서 좀 더 효율적으로 지원하기 위한 국제 체제가 생겨났습니다. 가장 핵심적인 구호 시스템은 아무래도 유엔이겠지요. 유엔 산하 여러 기관들도 있고, 유엔에서 주관하는 개별 국가들의 협의체도 여러 종류가 있습니다. 미국 국제개발처USAID처럼 개별 국가들이 스스로 자기네 정부 안에 원조를 맡는 기구를 설치하기도 합니다. 이런 과정을 거쳐서 국제 구호 시스템이 만들어졌습니다. 민간기구들의 활동도 활발하고요. 이렇게 되기까지 앞서서 노력한 많은 이가 있었답니다.

'원조'는 언제
시작됐을까

　도움이 필요한 사람들에게 물질적으로 지원해주는 행위는 인류 역사가 시작된 이래 늘 있었다고 봐도 될 거예요. 이웃에 굶는 사람이 생기면 마을 사람들이 나서서 돕는 모습을 생각해보면 됩니다. 자연재해가 일어나면 황제나 왕이 시혜를 베푸는 것은 근대 이전 세계의 어느 곳에서나 있었던 일이랍니다.

　물론 당시에는 '인권'이라는 개념이 확립돼 있었던 것은 아니지만, 기본권과 비슷한 개념이 아예 없었다고는 할 수 없어요. 이를테면 중국의 『손자병법』에는 전쟁 때 어떻게 하는 것이 옳은가에 대해 언급한 부분이 있다고 해요. 서구에서 널리 퍼진 기독교의 자선 개념이나 이슬람의 전통적인 자선 행위인 '자카트'는 종교적인 믿음과 공동체의 일원으로서 가져야 할 윤리의식이 결합된 것이겠지요. 불교에서는 흔히 '보시한다'고들 하는데, 이런 것들 모두 '나만 잘 살아서는 안 된다, 극심한 어려움을 겪는 이웃을 도와야 한다'는 생각을 바탕에 깔고 있습니다.

19세기 이래로 교통과 통신 등의 기술이 눈부시게 발전했어요. 의학과 병리학이 엄청나게 발전하기도 했지만, 동시에 무기 기술도 어마어마하게 늘었어요. 사람을 살리는 기술과 죽이는 기술이 모두 급격히 발전한 것이지요. 전쟁에서 숨지거나 다치는 사람의 숫자가 늘어난 동시에, 전쟁 같은 거대한 사건들을 멀리 있는 사람들에게 널리 알릴 수 있는 수단도 많아졌습니다.

전쟁이나 재난이 일어나지 않는 것이 가장 좋겠지만, 그런 비극이 일어났을 때 통신과 교통 인프라 덕분에 빠르게 구호활동을 조직하고 구호품을 보낼 수 있게 된 것은 그나마 다행스런 일이에요. 게다가 미디어는 24시간 내내 자연재해와 분쟁에 대한 소식을 전합니다. 대중들이 재난을 더 많이 알게 됐을 뿐 아니라 인터넷과 소셜미디어를 통해 쉽게 뜻을 모으고 구호활동을 조직하거나 모금을 할 수 있게 됐습니다.

당장 시급한 긴급구호 활동이나 저개발 지역의 장기적인 발전을 돕기 위한 개발원조, 분쟁으로 파괴된 지역의 재건을 지원하는 것, 분쟁 지역에 군대를 보내는 평화유지 혹은 치안유지 활동, 대규모 살상이 일어날 가능성이 높은 곳에 파병해서 잠재적 학살 범죄를 막는 군사개입 등을 모두 통틀어서 '인도주의적 지원'이라고 할 수 있습니다.

오늘날에는 인도주의적 지원이라고 하면 허리케인, 지진, 태풍, 홍수 같은 자연재해가 먼저 떠오릅니다. 하지만 근대 사회에서 인도적 지원의 출발점은 사실 전쟁과 관련돼 있었어요. 전쟁이 났을 때 부상병을 어떻게 치료할 것인가, 전쟁에서 남의 나라 군대에 잡혀 포로가 된 사람들이 학살당하거나 학대받지 않게 하려면 어떻게 해야 하나, 이런 문제의식이 인도주의적 지원의 원칙을 고민하게 만들었습니다.

근대에 들어와서 부상병 치료라는 개념이 널리 퍼지게 된 데에는 스위스의 활동가 장 앙리 뒤낭의 공이 컸습니

적십자사를 창설한 것으로 알려진 장 앙리 뒤낭. 그는 솔페리노 전투의 참상을 보고 구호단체를 만들자고 제안했다.

다. 적십자사를 창설한 것으로 널리 알려진 인물이에요. 19세기 중반 이탈리아 북부 솔페리노에서 프랑스-이탈리아 연합 군대가 오스트리아 제국 군대와 맞붙어 전쟁을 벌였습니다. 이 솔페리노 전투의 참상을 보고 충격을 받은 뒤낭은 1862년 『솔페리노의 회상A Memory of Solferino』이라는 책을 썼습니다. 그는 책에서 전투 중에 다친 군인들과 민간인을 도울 상설적인 구호단체를 만들자고 제안했어요.

뒤낭의 호소에 많은 이가 응답하면서, 이듬해인 1863년 세계 최초의 본격적인 구호단체라고 볼 수 있는 국제적십자위원회가 창설됐습니다. 1864년 적십자 본부가 있는 스위스 제네바에서 유럽국들이 모여 협약을 맺고, 분쟁으로 다친 사람들을 네 편 내 편 가리지 않고 공정하게 지원해 줄 임무를 적십자에 맡겼습니다.

분쟁 구호가 아닌 재난 지원과 관련해서는 1876~1879년 중국 북부 대기근 때 여러 나라가 돈을 모아 지원한 것이 눈에 띕니다. 공식적으로 국제 구호자금이 동원된 초창기 사례라고 할 수 있겠습니다.

제1차 세계대전이 끝난 뒤에 전쟁의 참상에 충격을 받은 유럽국들 사이에서 국제 원조가 활발 하기는 했지만, 현대적인 인도주의적 지원 개념과 시스템이 본격 구축되기 시작한 것은 20세기 중반, 제2차 세계대전 무렵부터라고 볼 수 있습니다. 1949년 유엔은 제네바 협약을 통해 전쟁으로 다친 민간인과 군인들을 인도적 차원에서 지원해야 한다고 규정했어요. 분쟁을 벌이고 있는 당사자들 중 누구에게도 치우치지 말고 공평하게 원조를 제공해야 한다면서 '중립성'과 '공정성'의 원칙을 명시했습니다.

20세기 중후반에는 식민지에서 독립한 나라들이 여전히 가난에서 벗어나지 못하는 현실이 이어지면서 서구 국가들의 역사적, 윤리적 책임이 제기됐습니다. '개발' '저개발'의 개념이 자리 잡기 시작했고, 인도적 지원이 제3세계 저개발 국가들로 향했습니다. 자연스럽게 빈곤 지역을 돕는 것을 목적으로 삼는 비정부기구들이 많이 생겨났어요. 이런 단체들의 활동과 매스미디어의 보도를 통해서 잘사는 나라 시민들이 빈국의 현실에 관심을 갖게 되고 모금 활동도 활발해졌고요.

　　하지만 앞에서 살펴봤듯이 굶주린 어린이, 주로 아프리카 어린이의 이미지가 담긴 광고 캠페인들이 아프리카에 대한 편견을 오히려 키운다는 비판도 있었습니다. 그런 편견이 특히 서구 사회에 남아 있는 인종주의와 합쳐지면서 빈국들에 오히려 피해를 준다는 목소리가 커졌지요. 이런 캠페인의 부작용을 넘어, 원조 자체가 낳은 부작용들에 대해서는 뒤에서 좀 더 자세히 들여다보겠습니다.

돕는 데에도
원칙이 필요해

인도적 지원을 어떻게 해야 하는지, 어떤 방식으로 하면 안 되는지, 중요한 원칙들을 만들고 널리 받아들인 것은 그리 오래되지 않았습니다. 1990년대에 여러 기관에서 인도주의적 지원을 할 때 적용해야 할 원칙을 만들어서 공식화했어요. 1991년 유엔 총회는 세 가지 기본 인도주의 원칙을 세웠으며, 2004년에 네 번째 원칙을 추가했습니다.

동어반복인 것 같지만, 인도주의적 지원의 첫 번째 원칙은 무엇보다 '인도주의'입니다. 인도주의적 행동의 목적은 생명과 건강을 보호하고 인간에 대한 존중을 보장하는 것이에요. 인간의 고통이 있는 곳이라면 어디에서든 해결해야 한다는 것이지요.

두 번째 원칙은 중립성입니다. 인도주의 활동가는 적대 행위의 편을 들거나 정치적, 인종적, 종교적 또는 이념적 논쟁에 관여해서는 안 됩니다.

세 번째는 공평성입니다. 인도주의적 행동은 오직 필요에 따라 수행해야 한다는 뜻입니다. 세계에는 도와야 할 사람이 많습니다. 사람들에게 고통을 주는 사건의 종류도 많고 지역도 다양하지요. 그럼 어디에 있는 누구를 맨 먼저 도와야 할까요? 우선순위를 정할 때 정치적인 이해관계나 이익을 앞에 둬서는 안 되고, 가장 긴급한 조난 사례부터 접근해야 한다는 것이 공평성의 원칙입니다. 국적이나 인종, 성별, 종교, 계급 또는 정치적 의견을 이유로 구호활동에 차등을 둬서는 안 되겠지요.

네 번째로 추가된 것은 인도주의 활동의 독립성입니다. 중립성과 공평성을 지키려고 해도 분쟁을 일으킨 국가나 무장 세력이 구호활동가들을 윽박질러 활동을 막거나 자기네 피해자들부터 도우라고 요구하면 어떻게 되겠어요? 그래서 인도주의 활동은 정치적, 경제적, 군사적 목적

© Fljmm

구호활동 중인 국제 적십자사·적신월사 연맹(IFRC). 적십자사는 이슬람권에서 인도주의 활동을 하기 위해 상징물을 초승달로 바꾸고 적신월사라는 이름으로 활동한다.

등으로부터 독립적으로 이뤄질 수 있어야 합니다.

구호기관 스스로 그 원칙들을 보완하기도 합니다. 인도주의 기관의 원조 격인 적십자사는 이슬람권에서는 십자가가 아닌 초승달을 상징물로 하는 '적신월사'로 운영됩니다. 두 단체를 합쳐서 '국제 적십자사·적신월사 연맹 International Federation of Red Cross and Red Crescent Societies, IFRC'이라고 해요.

이들은 유엔의 네 가지 원칙에 더해 '자발적 봉사'의

원칙, 한 국가에는 적십자사 또는 적신월사가 하나만 존재해야 한다는 '단결'의 원칙, 모든 사회가 동등한 위치에서 동등한 책임과 의무를 진다는 '보편성'의 원칙을 더해 7개 원칙을 제정했습니다. 이 7개 원칙을 중심으로 재난 현장에서 활동하기 위한 '적십자-NGO 행동 강령'이 만들어졌어요. 약 500개의 구호단체가 이 강령에 서명하고 인도주의 원칙을 준수할 것을 약속했답니다.

　　이를 바탕으로 '유엔 행동강령UN Code of Conduct'이 문서로 정리됐습니다. 원조에 관여하는 단체들이 지켜야 할 공통 기준과 네 가지 원칙을 담고 있습니다. 이 강령에 따르면 인도적 지원은 인종, 신념, 국적에 관계없이 모든 국가의 시민이 받아야 할 권리입니다. 지원 활동을 하는 이들은 정치적인 요구 조건을 붙이지 말고, 수혜자의 존엄성을 지켜주고, 수혜자의 문화를 존중해야 합니다. 또한 이 강령은 모든 과정이 투명해야 하고, 지원받는 이들이 미래를 위한 역량을 강화할 수 있는 방향이어야 하고, 장기적인 계획을 세워 지원해야 한다고 규정하고 있습니다. 1998년에는 이런 원칙들을 현장에서 적용할 수 있도록 상세한 지침을 적은 '스피어 핸드북Sphere handbook'이 발표됐습니다.

분쟁에서 중립을
지킨다는 것

때로는 원칙들 사이에 충돌이 일어나기도 합니다. 예를 들어볼게요. 21세기에 들어와 미국이 두 차례 전쟁을 일으켰습니다. 테러 조직 알카에다가 2001년 9월 미국 뉴욕 등에서 대규모 공격을 저지르자, 미국은 알카에다 지도부를 숨겨주고 있다는 이유로 한 달 뒤 아프간을 침공했습니다. 알카에다를 비호한 것은 아프간 국민이 아니라 탈레반 정권이었는데, 침공으로 인한 피해는 온 국민이 함께 입어야 했습니다.

또 2003년 3월에는 알카에다 테러와 아무 상관이 없는데도 미국은 온갖 이유를 붙여서 세계의 반발을 무릅쓰고 이라크를 침공했습니다. 미국이 '테러와의 전쟁'이라고 주장한 이 두 전쟁은 테러와 관련 없는 수많은 피해자를 만들어냈습니다. 이를 계기로 인도적 지원의 원칙에 대한 고민이 커졌습니다.

이 전쟁들에서 미국 정부는 미국의 외교 정책에 동조하지 않는 구호단체들의 지원을 끊거나 줄였습니다. 정부 예산을 지원받아 빈곤 지역을 도와온 구호기구들은 아프간 전쟁이나 이라크 전쟁에 반대했다가는 돈줄이 막히는 처지가 됐습니다. 전쟁에 반대하고 아프간과 이라크에서 인도주의 활동을 하는 것을 '분쟁의 한쪽 당사자 편에 선 것'이라 규정하면, 그 단체들은 본의 아니게 독립성 원칙을 저버린 꼴이 됩니다.

국경없는의사회 같은 경우는 활동하는 지역의 정치적, 사회적 이슈에 적극 개입해 왔습니다. 예를 들어 종교적 신념이 다르다거나 종파가 다르다거나 여성 차별에 반대한다는 등등의 이유로 핍박하는 것에 공개적으로 반대 목소리를 냈고, 미국의 일방적인 군사공격에도 반대했지요. 이런 단체들은 독립성 원칙을 포기하겠다는 선언까지 했습니다.

© European Commission

국경없는의사회 활동가가 난민이 안전한 곳으로 이주하도록 돕는 모습. 국경없는의사회는 활동히는 지역의 의료지원뿐 아니라 정치적, 사회적 문제에도 적극 개입한다.

러시아가 우크라이나를 침공한 것처럼 명백하게 국가 대 국가의 싸움이 벌어지는 일도 있지만, 지금 세계에서 일어나고 있는 분쟁들은 대부분 정부와 무장조직과 외국 세력 등등이 복잡하게 얽힌 것들입니다. 자연재해 또한 여러 나라에 걸쳐 영향을 미치거나 한 국가 안에서 핍박받는 지역을 더 고통받게 만드는 식의 복합적인 상황과 연결돼 있고요. 그렇기 때문에 기본 원칙을 계속해서 점검하고 합의해 나가는 것이 더욱 중요해지고 있습니다.

2004년 인도양을 덮친 쓰나미나 2010년대 시리아 내전처럼 광범위한 영역에 영향을 미쳐 피해자 수가 많은 재난에서는 각국의 구호활동이나 여러 기구들의 활동을 누군가가 총괄할 필요도 생깁니다. 이럴 때에 국제사회의 대응을 조정하고 원칙이 지켜지도록 점검하는 역할을 일차적으로 맡는 곳은 유엔 인도주의업무조정국United Nations Office for the Coordination of Humanitarian Affairs, UNOCHA/OCHA입니다. 한국의 강경화 전 외교부 장관이 2010년대에 이 기관의 고위직을 맡아 일했지요.

인도적 지원에 중요한 역할을 하는 분야별 유엔 기구들도 있습니다. 유엔개발계획은 빈국을 지원하는 일을 하고, 유엔난민기구United Nations High Commissioner for Refugees, UNHCR는 이름 그대로 난민을 돕습니다. 대규모 난민 사태가 발생하면 난민촌을 꾸리고, 주변국들에게 협조를 요청하고, 각국 정부를 설득해 자금을 지원받는 등의 일을 합니다.

유엔아동기금(유니세프), 세계식량계획WFP 등도 인도적 지원에서 빼놓을 수 없습니다. 이 기구들은 각국 정부나 민간단체들과 협력해 구호를 제공합니다. 인도주의업무조정국에 따르면, 2023년 기준으로 세계에서 인도적 지원이 필요한 사람은 3억 3900만 명에 이른다고 해요.

엄밀히 말하면 이런 종류의 인도적 지원은 위기나 긴급 상황을 부른 근본적인 사회경제적 요인, 즉 가난을 해결하고자 하는 '개발원조'와는 다른 개념입니다. 하지만 실제 현실에서는 개발원조의 대상이 되는 저개발 지역들이 재난이나 분쟁에 시달리며 도움받는 경우가 많습니다. 그래서 인도주의적 지원과 개발을 돕는 원조를 따로 떼어놓기 힘든 것이고요.

부자 나라, 가난한 세계

더 읽어보기

20세기의 주요 재앙과 대응 ①

비아프라와 아프리카 기근

인도주의 활동의 역사에서 중요한 몇 가지 사건이 1960년대 후반부터 1980년대 초반 사이에 일어났습니다. 비아프라전쟁, 베트남전쟁, 캄보디아 대량 학살, 에티오피아와 '아프리카 뿔' 지역의 기근 같은 사건들입니다. 특히 '비아프라전쟁'은 현대 인도주의 활동의 전환점이 된 사건인데, 아마 여러분들에게는 많이 생소할 거예요.

1967년 5월, 서아프리카의 대국인 나이지리아 남동부가 비아프라공화국이라는 이름으로 독립을 선언했습니다. 나이지리아 정부는 인정하지 않았고, 내전이 벌어졌습니다. 냉전 시절이었고 양측의 대립이 첨예했기 때문에 유엔도 개입을 꺼렸어요. 나이지리아 정부는 반군 정부가 무너지게 하려고 비아프라로 가는 석유와 식량을 차단했습니다. 굶어 죽은 사람이 수십만 명에 이르며, 무려 200만 명이 숨졌다고 보는 이들도 있습니다.

나이지리아 정부는 적십자위원회가 비아프라 주민들을 돕는 것도 막았습니다. 결국 적십자는 '중립성' 원칙에 따라 활동을 중단했지요. 그 대신 기독교 단체들과 옥스팜, 케어인터내셔널CARE International 같은 기구들이 지역 당국의 반대와 군대의 공격 위험 속에서도 구호품을 전달했습니다. 유엔과 적십자가 손을 못 대는 상황에서 비정부기구들이 역량을 발휘할 수 있음을 보여줬고, 분쟁국 정부가 승인하지 않아도 사람들을 살리기 위해 개입하는 선례를 만들었습니다.

그러나 인도적 차원에서 보낸 도움 때문에 반군 진영이 오래 버틸 수 있었고, 결과적으로는 전쟁이 길어졌다는 지적도 나왔습니다. 그럼 어떻게 하는 편이 옳았을까요? 참 어려운 문제지요?

비아프라 사태 때 두각을 나타낸 중요한 단체 중에

1968년 아일랜드에서 설립된 컨선Concern Worldwide과 국경없는의사회 같은 보건의료 단체가 있었습니다. 앞에서 국경없는의사회를 몇 번 언급했는데, 이 단체가 만들어진 계기가 바로 비아프라 내전이었습니다.

국경없는의사회를 공동 설립한 프랑스 출신의 의사 베르나르 쿠슈네르는 처음에 적십자위원회에 소속돼 있었습니다. 그런데 비아프라에서 보여준 적십자의 무능에 화가 나 동료들과 함께 1971년 국경없는의사회를 만들었습니다. 이후 이 단체는 분쟁이 일어났을 때 정치적인 입장을 우선시하며 몸을 사리는 기구들을 노골적으로 비판하면서, 현지 정부가 반대하더라도 적극적으로 활동을 벌이는 '개입주의' 노선을 견지했습니다. 물론 이에 대해서는 비판도 적지 않습니다.

1970년대에는 캄보디아에서 공산정권이 200만~300만 명을 학살한 사건도 있었습니다. 〈킬링필드〉라는 영화로도 만들어진 이 대학살 뒤 공산정권은 이웃한 베트남의 침공으로 무너졌습니다. 학살은 끝났지만 태국으로 캄보디아 난민들이 밀려들었습니다. 대규모 난민들을 수용할 난민촌이 생겼고, 이를 관리하고 지원하는 일을 누군가가 총괄해야 했습니다.

유엔은 유니세프를 주요 대응 기관으로 지정했습니다. 적십자위원회는 비아프라에서 맞닥뜨린 것 같은 문제를 피하기 위해 다른 단체들과 함께 '캄보디아를 위한 연합 Coalition for Cambodia'이라는 일시적인 기구를 만들었습니다. 덩치가 크고 절차가 복잡할 수밖에 없는 유엔이나 적십자위원회의 관행에 얽매이지 않고 활동할 수 있는 모델을 만든 것입니다.

1970년대에는 비아프라 외에도 아프리카 사하라 남쪽 사헬 건조 지대와 에티오피아, 소말리아 등에서 가뭄과 기근이 이어졌습니다. 국제사회와 인도주의 단체들이 대대적인 지원에 나섰지만 아프리카에 대한 정보와 이해가 부족했다는 점, 식량 위기에 근본적으로 대응해야 한다는 점을 깨달았습니다.

훗날 노벨 경제학상을 수상한 인도의 경제학자 아마르티아 센은 이 일을 계기로 긴급 상황을 예측하고 대응하는 데에 데이터를 활용할 것을 제안했습니다. 센은 1970년대 식량 위기 데이터를 살펴보면서 식량 부족과 기근으로 이어진 몇 가지 위험 요인을 찾았습니다. 그는 가뭄만큼이나 주민들이 식량을 살 돈이 없었다는 것이 문제였음을 확인했어요. 가게에 먹을거리가 있는데도 돈이 없어 살 수 없으니 굶주렸던 것이지요. 그런 사람들이 몇 년 사이에 급격히 많아진 것이 기근으로 이어졌고요.

근본적인 원인은 가축값이 하락하면서 목축민들의 자산이 줄어든 데에 있었습니다. 센은 이러한 요인들을 통칭해 '수급 실패'라고 부르고, 미래의 기근을 예측할 수 있는 지표로 삼았어요. 식량 자체가 없는 게 아니라 시장의 수요-공급 기능이 무너지는 것이고, 이는 기근으로 이어지기 쉽다는 것입니다. 이 연구는 훗날 '기근 조기경보 시스템'을 개발하는 성과로 이어졌습니다.

1974년 유엔 산하의 식량농업기구Food and Agriculture Organization of the United Nations, FAO는 아프리카 기근의 경험을 다루기 위해 세계식량회의를 주최했어요. 이 회의 결과 세계식량계획이 설립됐습니다. 우리에게는 북한에 굶주림이 닥칠 때 한국 정부와 협력해 식량을 보내는 기관으로 더 익숙하지요.

20세기의 주요 재앙과 대응 ②

옛 유고연방 내전

1990년대 들어 옛 공산권 국가의 정부들이 무너졌습니다. 소련이 해체된 것과 때를 같이해, 동유럽의 대국이었던 유고슬라비아연방도 여러 나라로 갈라졌고요. 이 과정에서 유고연방을 구성하던 여러 공화국 사이에 전쟁이 벌어졌습니다.

연방 안의 공화국들은 각기 중심이 되는 민족이 있기는 했지만, 여러 민족이 뒤섞여서 오랫동안 살아왔습니다. 그런데 세르비아, 크로아티아 등이 자기네 민족 중심의 독립국가를 만들겠다고 나서는 과정에서 전쟁이 벌어진 것입니다. 문제는 세르비아공화국이라 해서 세르비아계만 살았던 것이 아니고, 크로아티아공화국이라 해서 크로아티아계만 살고 있던 것이 아니라는 점이었습니다. 연방이 깨지고 각기 나라를 만들겠다면서, 그 공화국의 다수를 차지하는 민족이 함께 살아온 다른 민족을 쫓아내거나 학살하는 사건이 벌어졌습니다.

가장 참혹했던 것은 세르비아계가 세르비아공화국 안의 보스니아계 주민들을 학살한 사건이었습니다. '인종청소'라는 끔찍한 말로 불렸던 비극이었지요. 제노사이드 genocide라고도 하는데, 민족이나 종교 등의 정체성을 기준으로 특정 집단을 대량 학살하거나 문화적으로 말살하는 것을 가리킵니다.

1991년부터 10년 동안 이어진 내전으로 13만~14만 명이 목숨을 잃었고 400만 명이 피란을 떠나야 했습니다. 유고연방이 있던 발칸반도는 이렇게 쑥대밭이 됐지만, 서유럽 국가들은 난민들이 밀려오는 것을 걱정해 국경을 닫아걸려 애썼지요. 그래서 유고연방 지역 안의 내부 유민 Internally displaced persons, IDPs이 된 사람도 많았습니다. 국경을 넘어 다른 나라로 가면 난민에 관한 국제 조약에 따라 도움

보스니아계 주민들은 세르비아계의 학살을 피해 피난을 떠났다. 하지만 유럽 국가들이 국경을 닫아거는 바람에 거처 없이 떠도는 유민 신세가 된 사람이 많았다.

을 청할 수라도 있지만, 명목 상 자기네 나라 안에 있는 사람들은 국제법의 보호도 받지 못합니다. 그래서 유엔난민기구나 세계식량계획 등 유엔 기구들도 이들의 지위와 안전을 보장해주는 것보다 식량과 의약품 등 물자를 지원하는 것에 초점을 맞추는 수밖에 없었어요.

　　당장 학살당할 위험에 처한 이들을 보호하기 위해 유엔은 유고슬라비아 보호군UNPROFOR이라는 이름으로 평화유지군을 보냈지만 세르비아군의 무력 앞에서 유엔군은 제 역할을 하지 못했습니다. 서유럽 국가들이 북대서양조약기구(나토)나 유엔의 이름으로 파병을 하긴 했지만 그 나라들이 세르비아와 전쟁을 치르는 것은 아니었으니까요. 그러니 전쟁에 적극 개입하길 꺼렸지요. 결국 평화유지군은 맞받아 공격할 권한도, 의지도 없는 상태였습니다.

유엔이 '안전지대'로 정한 곳에서조차 학살이 자행됐습니다. 대표적인 곳이 스레브레니차라는 작은 도시입니다. 세르비아계 민병대는 이곳에 살던 보스니아계 무슬림 남성 8000명을 집단 학살했는데 그중에는 어린 소년들도 있었습니다.

그 뒤 다시 한 번 '중립성'이 얼마나 중요한 가치인가, 사람들이 죽어 나가는데 정치적 중립을 지킨다는 이유로 가만히 보고만 있다면 윤리적 책임을 다했다고 할 수 있는가 하는 논란이 벌어졌습니다. 당시 유엔군 소속으로 병력을 보냈던 네덜란드는 27년이 흐른 뒤인 2022년 7월 스레브레니차 학살을 방치한 잘못에 대해 사과했습니다.

보스니아계 학살에 이어, 세르비아 안에 있는 코소보라는 도시가 독립 움직임을 보이자 세르비아계는 이곳도 공격했습니다. 이때 나토군은 스레브레니차에서와 같은 실책을 피하기 위해 군사행동에 나섰습니다. 미국이 중심이 돼 세르비아 진영을 폭격한 것입니다.

이른바 '인도주의 전쟁'이라는 개념이 부상했습니다. '인도적 차원의 군사개입'이라고도 하는데, 이에 대해서도 아직은 논란이 많이 있습니다. 학살을 막기 위한 것일지언정 전쟁은 전쟁이니까요. 나토군의 공습 때문에 오히려 민간인 피해가 컸다, 세르비아계의 보복 학살을 불렀다는 등의 지적이 나왔습니다. 하지만 개입하지 않았다면 코소보의 숱한 사람들이 목숨을 잃었을 수 있습니다. 여러분은 어떻게 생각하시나요?

20세기의 주요 재앙과 대응 ③

르완다 제노사이드

옛 유고연방 내전과 비슷한 시기에 일어난 것이 르완다 대학살입니다. 벌써 30년이 지났지만, 21세기의 구호와 '개입'의 방식에 무엇보다 큰 영향을 준 사건으로 꼽힙니다.

르완다는 아프리카 동부에 있는 나라입니다. 수도는 키갈리이고, 면적은 2만 6000제곱킬로미터로 한국의 4분의 1인 작은 나라입니다. 바다가 없이 주변이 모두 다른 나라들로 둘러싸인 내륙 국가예요. 인구는 2022년 기준으로 1300만 명이 좀 넘는데 대다수가 기독교도입니다.

이 나라는 독일의 짧은 점령기를 지나 20세기에 수십

년 동안 벨기에의 식민통치를 받았습니다. 르완다에는 크게 보아 후투와 투치 두 부족이 있는데, 유럽인들이 들어오기 전 투치 왕국이 있었습니다. 인구의 다수는 후투족인데 벨기에는 투치족을 내세워 통치를 했습니다. 1950년대에 후투족이 반란을 일으켰고, 1962년 후투족이 중심이 된 독립 공화국을 세웠습니다. 그런데 1973년 역시 후투족 출신인 장군이 쿠데타로 권력을 장악하고 국민을 억압했습니다. 투치족은 국내에서, 그리고 우간다 등 주변국들에 피신해서 저항 조직을 만들어 정부에 맞섰지요.

1994년 군부 출신 지도자가 암살을 당하면서 혼란이 닥쳤습니다. 후투족 언론들과 정치인들은 투치족이 권력을 잡을지 모른다며 국민을 선동하고 학살을 자행했습니다. 부족이 다르다 해도 서로 결혼도 하고 한데 어울려 살아왔는데 갑자기 원수가 된 것이에요. 후투족에 의해 살해된 투치족이 80만 명에 이르고 200만 명이 난민이 됐습니다. 특히 후투족은 투치족의 씨를 말린다며 여성들을 조직적으로 성폭행했어요. 부족을 기준으로 사람을 죽이는 전형적인 제노사이드였지요. 사실 제노사이드라는 말이 국제적으로 널리 퍼지고 경계심이 커지게 된 것도 르완다 사건 때문입니다.

그동안 우간다 등지에 망명해 있던 투치족 지도자 폴 카가메가 게릴라들을 데리고 돌아와 내전을 끝내고 새 정부를 출범시켰습니다. 새 정부는 부족 간의 대립을 막는 한편, 반인도 범죄를 저지른 학살자들을 국제재판과 전국 곳곳의 주민재판에 부쳤습니다. 유엔과 유럽연합의 도움으로 '세계에서 가장 앞서 나간' 헌법을 만들었고, 특히 강간 등 성범죄를 강력 처벌하도록 명시했습니다.

르완다는 국회의원 등 여러 직책에 여성들이 대거 진출해, 지금은 국제기구가 측정하는 성평등 지수에서 북유럽 국가들과 함께 세계 5~7위권으로 매년 기록되는 나라가 됐어요. 카가메 대통령이 30년이나 집권하면서 민주주의가 훼손되고 있다는 지적이 나오긴 하지만 경제적으로도 정보기술 산업에 집중적으로 투자하면서 발전을 꿈꾸고 있어요.

르완다 사건은 강대국들의 국제적 책무를 되묻게 했습니다. 이 나라에서 학살이 벌어졌을 때 강대국들은 나 몰라라 했거든요. 르완다를 착취하면서 두 부족을 분열시킨 책임이 있는 벨기에나 '세계 경찰'을 자처하는 미국 모두

무관심했어요. 학살을 방치한 것은 물론이고, 난민촌에 식량이 모자라고 콜레라가 돌아 5만 명이 숨지는 상황에서도 구호를 게을리한 것입니다.

투치족이 권력을 잡을 기미를 보이자 후투족들은 국경을 넘나들며 난민촌을 공격하는 2차 전쟁범죄를 저질렀습니다. 난민들이 피신해 있던 이웃 콩고민주공화국과 부룬디 등도 분쟁에 휘말렸고, 그나마 들어가 있던 구호기구들마저 철수하는 상황이 됐지만 외부의 도움은 너무나 적었습니다.

르완다의 끔찍한 학살은 세계에 충격을 줬고, 뒤에 〈호텔 르완다〉 같은 영화로도 만들어졌어요. 세계의 무관심과 무기력, '개입의 실패'가 논쟁거리가 됐습니다. 앞에서 인도적 지원의 원칙들을 설명했는데, 그 원칙들에 국제사회가 관심을 갖고 다시 한 번 되새기게 된 것도 르완다 학살 때문이었답니다. 당시 미국 대통령이었던 빌 클린턴은 뒤에 르완다에 잠깐 들러 학살을 방기했던 것을 사과했어요.

발칸반도와 르완다에서 발생한 사건들은 여러 원인이 복합적으로 작용해 일어났습니다. 여러 집단이 얽혀 있고 여러 나라가 관련돼 있어서 국제사회가 힘을 모아야 하는 '복합 비상사태'에 어떻게 대응할 것인지가 숙제가 됐습니다.

　　정치적, 사회적 질서가 무너지고 폭력 사태로 먹고살 길이 없어진 이들은 이주를 택할 수밖에 없지요. 난민들이 대규모로 이동하면서 광범위한 지역에 오랫동안 영향을 미치는 것이고요. 이런 사건들은 그 전에 쌓이고 쌓인 불만과 분열, 착취가 원인이 되는 경우가 많습니다. 1990년대 이후 이런 사태가 늘면서, 그 전까지 한 국가의 경제 성장을 돕는 것에 초점을 맞춰온 국제기구나 금융기구들 대신에 학살과 재난 현장의 긴급구호를 하는 단체들에 세계 시민들의 관심이 쏠리게 됐습니다.

　　또 다른 변화는 인도주의적 개입, 즉 평화유지 활동의 형태로 군대를 동원하는 일이 늘어난 것입니다. 한 조사에 따르면 1948년부터 1988년까지 유엔이 회원국들을 설득해 병력을 꾸리게 해서 '평화유지 활동'에 투입한 것은 단 5건이었답니다. 하지만 1989년부터 1995년 사이에만 그 건수가 20건으로 늘었습니다. 다만 앞서 얘기했듯이 군사적 개입에 대해서는 여전히 논란이 남아 있습니다.

3장

원조의
사례와 흐름

원조의
사례와 흐름

돈을 모아
신전을 옮기다

아부심벨 신전은 이집트 남쪽, 나일강 상류에 있는 세계적인 역사 유적입니다. 3300년 전 고대 이집트를 번성시킨 유명한 파라오 람세스 2세 시절에 만들어졌습니다. 지금은 유네스코 세계문화유산으로 지정돼 있고요. 사막에 아침 해가 떠오를 때 눈부신 햇살이 바위에 새겨진 조각상들을 비추는 모습은 정말 장관이에요. 그런데 높이 20미터, 7층 건물 높이의 신전 입구 조각들을 자세히 보면 마치 돌을 꿰매기라도 한 듯 잘라 붙인 자국이 보입니다.

쌍둥이 신전 두 개로 이뤄진 아부심벨 유적은 나일강

의 물을 저장하고 전기를 생산하기 위해 만들어진 거대한 인공 호수인 나세르호 서쪽 언덕에 있습니다. 원래는 그 아래에 있었는데, 이집트 정부가 아스완 하이 댐을 짓고 나세르호에 물을 가두면서 유적이 가라앉을 처지가 되자 신전을 들어 올려 옮기도록 했습니다. 그 큰 돌 유적을 한 번에 옮길 재간이 없으니, 잘라서 옮겨 이어 붙였지요. 원래 있던 강둑에서 200미터 정도 떨어진 곳으로 옮겨졌고 높이는 65미터 높아졌대요.

3300년 동안 서 있던 유적을 옮기는 데에는 당연히 시간과 노력과 돈이 많이 들었습니다. 그러나 이집트는 영국의 점령통치를 받으며 오랫동안 자본을 수탈당했던 터라 재정이 충분치 않았습니다. 이에 1959년부터 세계의 학자들과 문화예술 단체들이 유적 살리기 캠페인을 벌였어요.

1964년 유네스코의 후원 아래 고고학들과 기술자들, 숙련된 중장비 기사로 구성된 다국적 팀이 아부심벨 신전 인양 작업을 시작했습니다. 폴란드 고고학자의 지휘 아래 신전을 들어다 놓을 인공 언덕을 먼저 만들었고, 전체 유적지를 4년 동안 평균 20톤 무게의 돌조각으로 잘라서 옮겼어요. 당시 돈으로 4000만 달러, 지금 가치로 따지면 수천

억 원이 들어갔습니다. 미국, 소련, 영국, 독일(당시는 서독), 프랑스, 이탈리아, 일본 등 30개국 가까운 나라들과 세계의 문화재단, 기금들이 돈을 기부했답니다. 세계의 학자들과 기술자들도 참여했고요.

이집트만이 아닙니다. 캄보디아가 자랑하는 세계적인 유적 앙코르와트 단지에 가보면 곳곳에 '인도의 지원을 받아' '중국의 지원을 받아' 등등으로 시작되는 안내문이 있어요. 세월의 풍파 속에 무너져가는 유적을 복원하는 일을 그 나라들이 도와준 것이지요. 한국도 라오스, 미얀마, 캄보디아 등에 문화재 전문가를 파견하고 복원을 도와주는 등 문화 분야의 원조를 늘려가고 있습니다. 아프리카의 콩고민주공화국이 국립박물관을 만들 때 우리 전문가들이 노하우를 지원해주기도 했어요.

자, 이번엔 남미의 볼리비아로 가볼까요. 오랫동안 스페인의 식민통치를 받으면서 원주민들은 힘도 땅도 빼앗겼으며, 너무나 많은 이가 목숨을 잃거나 노예가 됐습니다. 유럽계와 그 후손들에게 수백 년 동안 통치를 받아온 원주민들이 마침내 권력을 찾은 것은 2006년에 이르러서였습니다. 잉카 원주민 후손인 후안 에보 모랄레스 아이마가 남미

© www.kremlin.ru

잉카 원주민 후손으로 처음 볼리비아 대통령에 오른 후안 에보 모랄레스 아이마.

최초의 원주민 대통령이 된 것입니다!

하지만 앞길은 첩첩산중이었어요. 그중에서도 제일 큰 숙제는 외국 기업들이 꿰찬 에너지 산업을 다시 국가 소유로 가져오는 것이었습니다. 볼리비아 땅에 있는 자원이 외국 기업들만 살찌워서는 안 되잖아요. 이익을 국민에게 돌려줘야지요. 재정도 부족하고 가난한 나라에서 석유 이

익만 잘 챙겨도 그걸로 병원과 학교를 짓고 도로를 깔고 여러 가지 기본적인 투자를 할 수 있으니까요.

하지만 외국 기업들, 특히 막강한 미국 정부를 등에 업은 미국 에너지 회사들이 순순히 생산 시설을 넘겨줄 리가 없었습니다. 그래서 마치 비밀 프로젝트처럼 작전을 벌였어요. 유엔에서 인도주의 업무를 했던 스위스 학자 장 지글러는 『빼앗긴 대지의 꿈La Haine de L'occident』이라는 책에 그 과정을 상세히 소개했어요.

이 책에 따르면 모랄레스 대통령은 2006년 5월 어느 새벽에 장관들과 함께 군용 비행기를 타고 수도 라파스에서 1200킬로미터 떨어진 카라파리라는 곳으로 갔대요. 거기에 가스 시설이 있거든요. 가스업체 쪽에서는 대통령이 왜 왔나 하면서, 적당히 시설을 보여주고 돌려보내려 했겠지요. 그들에게 모랄레스 대통령은 이렇게 말했답니다. "나는 이곳을 잠깐 방문하러 온 것이 아니라, 볼리비아 국민의 이름으로 당신들의 시설을 관장하기 위해 왔습니다."

정부가 민간 시설을 국가 소유로 돌리고 싶어도, 기업들의 반발뿐 아니라 기술 면에서도 여러 어려움이 있어요. 기업들이 미리 예상하고 돈을 빼돌려 이미 빈털터리로 만들어놨을 수도 있고, 첨단 기계나 필수 장비들을 빼내 생산을 못하게 만든 뒤 정부가 두 손 들게 할 수도 있습니다. 그래서 모랄레스 정부는 출범 뒤 반년 동안 몰래 작전을 짜서 준비를 했답니다.

눈길을 끄는 것은, 이 준비 작업을 노르웨이처럼 앞서가는 산유국들이 도와줬다는 점입니다. 북유럽의 노르웨이는 세계에서 가장 잘사는 나라 가운데 하나이고, 석유를 팔아 모은 돈으로 국부펀드라 불리는 기금을 만들었습니다. 세계에서 원조를 가장 많이 하는 나라 중 하나이기도 해요. 노르웨이는 국부펀드가 외국 기업에 투자할 때 높은 윤리적 기준을 요구해 기업들의 인권과 환경 인식을 높이는 데 앞장서고 있습니다. 그런 노르웨이가 볼리비아의 상황을 알고서 모랄레스 정부를 도운 거예요.

모랄레스 대통령과 장관들이 가스업체에 방문하기 전에 먼저 노르웨이 기술자들이 찾아가 설비를 망가뜨리지 못하도록 장치를 해놨다고 합니다. 또 노르웨이의 전문가들이 볼리비아 전국 곳곳의 유전과 가스전의 수익성을 계산하고, 볼리비아 정부가 외국 기업들에 채굴할 권리를 줄 때 어떤 대가를 요구하면 되는지 평가해서 알려줬습니다.

남미의 베네수엘라, 북아프리카 알제리도 산유국인데 노르웨이 정부는 이 나라에도 기술자를 보내거나 법률 소송 준비를 도왔고요. 노르웨이 등의 도움은 단순히 원조금을 주거나 개발 자금을 빌려주는 것보다 볼리비아에 훨씬 더 중요한 것이었다고 할 수 있겠지요.

식민지에서 시작된
원조의 역사

그러고 보면 다른 나라를 돕는 데에도 참 여러 방법이 있네요. 유적을 들어 올리는 것에서 비밀 국유화 작전까지…. 앞에서 재난 때의 긴급구호를 주로 설명했는데, 한 국가나 지역의 발전을 도우려고 더 잘사는 나라들이 도움을 주는 것을 개발원조라고 합니다.

개발원조의 개념은 20세기 초 영국의 식민지 개발 정책으로 거슬러 올라갑니다. 영국은 처음에는 식민지를 그저 노동력과 자원 공급처, 혹은 자기네 상품을 팔 시장으로만 보고 도움은 주지 않는 자유방임 정책을 펼쳤습니다. 도와주기는커녕 세금을 뜯어가고 착취하기만 했지요.

하지만 차츰 영국의 책임을 요구하는 목소리가 높아졌습니다. 특히 제1차 세계대전 뒤 경제 위기가 확대되자 식민지 사람들의 삶이 더더욱 피폐해졌습니다. 식민지 경제에 의존하던 영국 자체의 경제도 흔들리고, 식민지에서 거둬들이는 세금도 줄고, 영국 안에서도 그 영향으로 실업이 늘어나자 '이대로는 안 된다'는 인식이 커졌습니다. 그러자 영국 의회가 1929년 식민지 개발법을 만들고 해외 영토의 교통, 전력, 상수도 등 인프라에 투자하기로 결정했습니다.

제2차 세계대전이 끝나고 제국주의와 식민지 지배는 윤리적으로 더 이상 지속될 수 없었습니다. 1940~1960년대에는 세계 대부분의 식민지가 독립을 했지요. 미국과 소련의 냉전이 첨예했던 시기였고, 저개발국들이 소련의 영향력 아래로 들어가는 걸 막으려고 미국이 대대적인 원조를 시작했습니다.

그런데 미국이 맨 먼저 원조 예산을 퍼부은 대상은 아프리카나 아시아의 빈국들이 아닌 유럽이었습니다. 미국은 전쟁으로 황폐해진 유럽을 살려 소련에 대항하게 만들려

마셜 플랜의 자금으로 프랑스에 도착한 트랙터. 제2차 세계대전이 끝나고 미국은 가난한 나라가 아니라 유럽을 먼저 원조했다. 유럽을 살려 소련에 대항하게 하려는 계획이었다.

는 계획을 세웠습니다. 1948년 미국이 시작한 대규모 원조 프로그램 '마셜 플랜'이 대표적인 예입니다. 소련도 거기에 대응해 동유럽 공산권 국가들과 식민통치로부터 독립한 아시아, 아프리카 나라들에 원조를 해줬지요.

1949년 해리 트루먼 미국 대통령은 유럽을 넘어 저개발 국가들로 원조를 확대한다고 발표했습니다. "역사상 처음으로 인류는 이 사람들의 고통을 덜어줄 지식과 기술을 보유하고 있습니다." 트루먼 대통령이 취임 연설에서 한 말입니다. 냉전 시기의 정치적인 발언이라고만 보기에는 울림이 큽니다. 인류의 고통을 덜어줄 힘이 인류에게 있는데도 고통받는 사람들이 여전히 존재하는 것은, 갖고 있는 힘조차 제대로 쓰지 못하고 있다는 얘기니까요.

식민지들의 독립이 잇따르자 미국은 "우리의 원조를 받았던 나라들은 이제 저개발 국가를 돕는 데 더 많은 부담을 나눠 가지라"고 요구했습니다. 1948년 마셜 플랜의 혜택을 받은 나라들의 모임이 만들어졌고, 그것을 바탕으로 1961년 경제협력개발기구Organization for Economic Cooperation and Development, OECD가 창설됐습니다. 목적은 각국의 경제 성장을 돕고 개발도상국을 원조하는 것입니다. '부자 나라 클럽'으로 불리는 이 기구에 1996년 한국도 가입했습니다.

OECD 산하에 개발도상국에 대한 공적개발원조ODA를 논의하는 개발원조위원회Development Assistance Committee,

DAC가 있습니다. ODA라는 말이 널리 쓰이는데. 이게 대체 뭘까요? 공적개발원조Official Development Assistance의 약자인데, 정부를 비롯한 공공기관이 개발도상국의 경제 발전과 사회복지를 위해 원조를 해주는 것을 가리킵니다. 돈을 주는 것, 혹은 차관이라는 형식으로 빌려주는 것, 인력을 보내고 기술을 전해주는 것 모두 포함됩니다.

요즘에는 ODA보다 더 넓은 의미로, 빈부 격차를 줄이고 인간의 기본권을 확대하려는 모든 노력을 가리키는 '국제개발협력'이라는 말을 더 많이 쓰는 추세입니다. 과거에는 가난을 해결할 방법을 주로 경제 성장에서 찾았지만, 요즘은 GDP 수치로 표현되는 외형적인 성장보다 사회 전반이 발전할 수 있도록 다각적인 노력을 해야 한다는 쪽에 무게가 실리고 있습니다.

누가 많이 내고
누가 많이 받았을까

OECD의 2021년 자료를 보면 2010년부터 2019년까지 10년 동안 공적개발원조에 쓴 돈은 미국이 3230억 달러로 가장 많습니다. 이어 독일이 1880억 달러, 영국이 1710억 달러, 프랑스가 1150억 달러를 냈고, 일본이 그 다음으로 1070억 달러를 썼습니다. 도움을 가장 많이 받은 나라는 아프가니스탄, 인도, 에티오피아, 베트남, 파키스탄, 콩고민주공화국 순서입니다.

2022년 OECD가 집계한 대외 원조는 2400억 달러에 이릅니다. 그 전해보다 14퍼센트 가까이 늘어난 것이고,

역대 최대치였습니다. 여기엔 이유가 있었어요. 유럽 국가들이 우크라이나 난민들을 받아들여 보호하는 데에 들인 비용, 우크라이나 긴급구호 비용을 늘렸기 때문이에요.

우크라이나로 시선이 쏠리다 보니 다른 지역의 개발 원조에 투입할 돈이 좀 줄어드는 결과가 되어버렸습니다. 게다가 코로나19도 있었고요. 백신을 공급하는 데에 예산을 많이 쓰게 되니까 역시나 부자 나라들이 개도국으로 갈 돈을 줄였거든요.

OECD 사무총장 마티아스 코만은 "코로나19 팬데믹과 러시아의 우크라이나 침략 전쟁은 전 세계의 불안정과 기아, 극심한 빈곤을 악화시켰고, 가장 가난하고 취약한 국가들에서 수십 년에 걸쳐 진전시켜온 개발을 과거로 되돌려버렸다"고 말했습니다. 단기적인 압박에 대처하기 위한 지원도 물론 중요하지만 장기적인 목표, 특히 세계에서 가장 가난한 나라들을 돕는 데에도 계속 집중해야 한다는 것입니다.

2022년 공적개발원조 총액은 OECD 개발원조위원회에 소속된 기부국 국민총소득GNI의 0.36퍼센트에 해당합니다. 이 비율은 유엔의 목표치인 국민총소득 대비 ODA

러시아가 우크라이나를 침략하면서 수많은 난민이 발생했다. 유럽 국가들은 저개발국 원조를 줄이고 우크라이나 난민들을 돕기 위한 긴급구호 비용을 늘렸다.

비율 0.7퍼센트에는 여전히 미치지 못하지만, 그래도 40년 만에 최고였습니다. 덴마크, 독일, 룩셈부르크, 노르웨이, 스웨덴 5개국은 0.7퍼센트 목표를 달성하는 성과를 거뒀습니다. 그냥 주는 돈인지 빌려주는 돈인지도 중요합니다. 기부국들은 국제 프로그램에 돈을 내기도 하고, 개별 개도국과 양자 협력 형식으로 도움을 주기도 합니다. 양자 간 원조에서 차관 비중이 높은 국가는 일본(60퍼센트), 한국(32퍼센트), 프랑스(22퍼센트)였다고 해요.

한국은 '원조를 받던 나라에서 원조를 해주는 나라로' 발전한 세계적으로 유명한 사례입니다. 잠시 우리의 원조 시스템을 알아볼까요. ODA 정책을 총괄하는 기구는 국제 개발협력위원회입니다. 1991년 1억 달러가 조금 넘었던 한국의 원조 규모는 30년이 지난 2021년에는 28억 6000만 달러로 늘었습니다. 특히 2005년에는 원조 규모가 급증해서, 한 해에만 7억 5200만 달러를 썼습니다. 당시 국민총소득과 대비해보면 0.1퍼센트에 불과하긴 했지만요. 하지만 이때는 아프간과 이라크에서 전쟁 뒤 재건 사업이 활발하던 때라 한국의 기여가 늘어났기 때문에 조금은 예외적인 상황이었다고 볼 수 있습니다.

우리도 점차 원조 규모를 키워가고 있으나, 유엔 목표치인 국민총소득의 0.7퍼센트에는 한참 못 미칩니다. 2021년에 한국은 ODA 예산으로 2억 8550만 달러를 썼습니다. OECD 개발원조위원회의 28개 회원국 가운데 15위 수준입니다. 국민총소득 비율로 보면 0.16퍼센트로 25위에 그쳤고요.

"개도국끼리 서로 돕자" 중국과 '남-남 협력'

　여러 서방 국가들이 미국을 따라 개발원조를 맡는 기구들을 만들었지만 1960년대까지도 미국의 비중이 압도적이었습니다. 세계 원조액의 절반 이상을 미국이 차지했으니까요. 그 뒤로도 상황은 비슷해서 미국과 유럽국들이 많이 냈습니다.

　하지만 21세기에 접어들면서 국제개발협력에 참여하는 나라가 많이 늘었고, 정부가 아닌 민간기구나 시민사회 단체들의 활동도 활발합니다. 특히 OECD에 가입돼 있지 않은 중국, 인도, 사우디아라비아, 튀르키예, 브라질 등 신흥 경제국들의 움직임이 눈에 띕니다. 이 나라들은 미국과 유럽을 중심으로 형성돼온 전통적인 '기부자들의 규범'을 따르지 않는 경우가 종종 있습니다. 이를테면 원조를 받는 대신에 자원을 캐낼 권리를 달라고 하는 식이에요. 물론 미국이나 유럽 국가들도 그런 행동을 안 했던 것은 아니지만요.

그 가운데 두드러진 사례가 중국입니다. 중국은 아직도 개발도상국이고, 어떤 분야에서는 여전히 외국의 원조를 받고 있습니다. 동시에 중국은 세계의 '남반구', 즉 개도국들끼리 서로 돕는 개발협력, 이른바 '남-남 협력'을 내세워 개발원조에 적극 나서고 있습니다. 중국의 빠른 경제 성장을 모델로 제시하면서 돈과 기술과 인력을 지원하는 것이지요.

세계의 원조 흐름을 분석하는 '도너 트래커Donor Tracker'에 따르면 2013년부터 2018년까지 중국의 대외 원조 지출은 연평균 약 70억 달러에 달했습니다. 45퍼센트는 아프리카로 향했고, 아시아에 37퍼센트, 라틴아메리카에 7퍼센트를 지출했습니다. ODA 공식 집계에서는 빠지지만 원조의 성격을 띠는 지출도 2019년 59억 달러에 이른 것으로 추산됐습니다. OECD 회원국들과 비교해도 놀라운

규모입니다.

　미국과 영국을 중심으로 활동하는 싱크탱크 글로벌개발센터Center for Global Development에 따르면 중국의 대외 원조는 중국의 투자나 무역, 혹은 외교적인 목적과 엮여 있고 불투명한 부분이 적지 않았다고 합니다. 이런 지적이 많이 나온 데다 중국 스스로도 외국과의 협력을 잘 관리할 필요가 있다고 느끼면서, 2018년 국제개발협력국CIDCA이 만들어졌습니다.

　하지만 그 후에도 시진핑 국가주석이 내세운 '일대일로一帶一路' 계획과 개도국 원조를 연결하는 경향은 계속되고 있습니다. 일대일로는 육로와 해로, 즉 땅과 바다에서 중국을 중심으로 세계를 잇는 무역망을 만드는 야심찬 계획입니다. 그 길들이 지나는 나라들에 생산 시설을 짓고 상품을 거래하려면 중국 기업들과 돈이 들어가겠지요? 그러기 위해 교통과 통신 등의 인프라를 만드는 데에 중국이 관여해서 사람과 돈과 기술을 보낼 거고요. 상대 나라에 인프라를 만드는 작업을 중국이 통째로 맡기도 하고, 그 나라가 인프라를 지을 수 있도록 돈을 빌려주기도 합니다.

　물론 중국도 긴급구호 활동을 합니다. 파키스탄에서

홍수가 나거나 튀르키예에서 지진이 나면 중국 의료팀이 현장에 가고 중국 약품과 재건 기술자들이 들어갑니다. 낮은 이자로 돈을 빌려주기도 하고, 아예 이자 없이 대출을 해주기도 하고요. 하지만 중국식 개발협력이 갖는 문제도 있습니다. 이 부분은 뒤에서 다시 살펴볼게요.

아마존 숲을 살릴
돈을 모아라

조 바이든 미국 대통령은 2023년 4월 개도국들이 기후 변화에 대응할 수 있도록 돕기 위해 15억 달러, 약 2조 원을 내놓겠다고 발표했습니다. 바이든 대통령은 이날 '에너지 및 기후에 관한 주요 경제국 포럼Major Economies Forum on Energy and Climate, MEF' 참가국 정상들과 화상회의를 했어요. 바이든은 이 자리에서 브라질의 아마존 숲이 더 베어져 나가는 걸 막기 위해 5년간 5억 달러 기금을 만들겠다고 말했습니다. 아마존 숲을 가장 많이 품고 있는 브라질은 당연히 환영했지요. 또한 개도국들의 기후 대응을 돕기 위해 만들어진 유엔 녹색기후기금Green Climate Fund에 10억 달러를 지원하겠다고 말했습니다.

주요 경제국 회의는 2009년 미국 주도로 만들어진 기구입니다. 말 그대로 경제 규모가 큰 나라들이 기후 대응을 협의하기 위해 만든 회의예요. 아르헨티나, 호주, 브라질, 캐나다, 칠레, 중국, 이집트, 프랑스, 독일, 일본, 러시아, 영국 등 26개국이 참가하는데, 한국도 물론 들어가 있습니다. 세계 10위권 경제 대국이자 탄소 배출국이니 참석하는 게 당연합니다.

첫 장에서 설명했듯이 21세기 인류 앞에 놓인 가장 큰 도전은 기후 변화입니다. 그로 인한 피해는 가난한 나라의 가난한 이들이 더 많이 입기 때문에 대책이 필요합니다. 그래서 유엔이나 국가들 사이 협의체에서 여러 방안이 논의됐어요. 핵심은 결국 돈 문제입니다. 아직 기술과 돈이 부족한 나라들이 기후 재앙으로부터 사람들을 보호하고 조금이라도 피해를 덜 입게 해주려면 우선 탄소를 많이 내뿜는 나라들이 배출량을 줄여야겠지요.

하지만 탄소 배출을 지금 곧바로 멈추기는 불가능합니다. 설혹 그렇게 할 수 있다 하더라도 이미 공기 중에 온

"기후 변화가 아니라 시스템 변화"라는 팻말을 들고 있는 시위 참가자.

실가스가 너무 많은 탓에 지구 기온이 올라가고 기상 이변이 일어나는 것을 당장 막을 수 없습니다. 다만 피해가 예상되는 지역의 둑과 도로와 집들을 더 튼튼하게 만들고, 병원 등 의료 인프라를 확충하고, 재난을 당한 사람들을 구호하도록 지원해서 고통을 줄여줄 수는 있습니다. 그러기 위해서라도 돈이 필요하고요.

　2022년 11월 이집트에서 유엔 기후변화협약 27차 당사국총회, COP27이라고 흔히 불리는 회의가 열렸습니다. 기후협약에 가입한 모든 나라가 모여서 탄소 배출을 줄이려는 목표치를 얼마나 달성했는지 점검하는 자리예요. 이곳에서 참가국들은 발전된 나라들이 쏟아낸 탄소 때문에 탄소를 덜 뿜어내고도 억울하게 피해를 입는 지역을 돕기 위해 '손실과 피해 기금loss and damage fund'을 만들기로 결정했습니다.

하지만 미국 바이든 정부가 내겠다고 한 돈이 정말 '아마존 기금'과 '녹색기후기금'으로 갈지도 불투명하고, '손실과 피해 기금'에 각국이 실제 돈을 얼마나 낼지는 불확실해요. 2023년 기후총회 주최국인 아랍에미리트는 화석연료를 팔아 돈을 벌어온 나라이고, 그 돈으로 에너지 전환에 투자하면서 '탈 화석연료' 시대를 이끌겠다고 나선 나라이니 아마도 큰 몫을 낼 것이라는 전망이 나왔습니다.

하지만 미국에서는 의회가 반대하고 있어서 대통령의 약속조차 지켜질지 알 수 없는 상황입니다. 문제는 미국의 이런 행동이 계속 되풀이돼 왔다는 점이에요. 이를 테면 2000년대 미국 공화당 정부는 기후 변화에 대한 책임 자체를 아예 부정했고, 뒤이은 민주당 정부는 '우리가 나서겠다'면서 기후 대응을 선도하겠다고 선언했습니다. 하지만 2016년 출범한 도널드 트럼프 정부는 책임을 내팽개치고 기후협약에서 아예 탈퇴하기까지 했습니다. 2021년 다시 민주당 정부가 들어선 뒤 바이든 대통령이 거액을 내겠다고 했지만, 사실 2010년대 민주당 정부가 낸다고 한 돈조차 안 낸 처지입니다.

한국은 어떻게 기후 대응을
도와야 할까요

한국도 이 문제에서 큰소리칠 형편은 아닙니다. 바이든 대통령이 돈을 내겠다고 한 녹색기후기금은 유엔 산하 기구인데 인천에 본부가 있습니다. 2010년 이명박 정부 시절에 이 기구를 한국에 유치하면서 언론들은 자랑스러운 일이라고 호들갑을 떨었습니다. 그 뒤에 한국이 이 기구를 발판 삼아 국제사회의 기후 대응에서 앞장섰더라면 정말 자랑스러운 일이 되었겠지요. 더군다나 그 시절 유엔을 이끌었던 반기문 사무총장도 한국 출신이었고요. 하지만 아쉽게도 이 기구는 그동안 유명무실했어요. 2020년까지 연간 1000억 달러를 모으겠다고 했는데 각국이 내겠다고 약속한 돈은 82억 달러에 그쳤답니다.

이미 오래전부터 기후 재앙에 취약한 나라들은 부자 나라들이 기후 대응을 도와줘야 한다고 요구해 왔습니다. 2009년 인도양 섬나라 몰디브 등을 중심으로 '기후취약국 포럼Climate Vulnerable Forum'이 만들어졌지만, 해수면이 올라가 가라앉아 가는 섬나라들의 힘없는 외침일 뿐이었지요. 2015년 몰디브와 필리핀, 에티오피아, 방글라데시 등은 페루 리마에 모여 'V20', 즉 기후 위기에 취약한 20개 나라들의 모임을 결성하고 앞으로는 한목소리를 내겠다고 선언했습니다.

20여 개 나라가 더 가세해 이 모임은 40여 개국으로 커졌습니다. 중국, 러시아, 인도, 남아프리카공화국, 멕시코, 나이지리아 같은 덩치 큰 개도국들은 물론이고 호주, 일본, 카타르, 프랑스, 독일, 노르웨이, 스웨덴 등 유럽국들도 옵저버, 즉 참관국으로 이름을 올렸습니다. 미국도, 한국도 옵저버입니다. 하지만 말 그대로 참관만 할 뿐 글로벌 공동 대응에 돈을 내는 데에는 소극적입니다.

에콰도르를 비롯한 몇몇 나라들은 부자 나라들이 경

제를 키우며 입힌 피해를 보상해달라며, 자신들은 외국에 빚을 진 채무국이 아니라 기후 문제에서는 오히려 빚을 받아낼 권리가 있는 '기후 채권국'이라고 주장합니다. 예를 들어 에콰도르는 2021년 갈라파고스 해양보호구역을 늘리겠다고 발표했습니다. 갈라파고스는 에콰도르 동부 해안에서 1000킬로미터 떨어진 태평양의 군도입니다. 찰스 다윈이 진화론을 연구한 곳으로 유명하고, 생물종 다양성의 보고이기도 합니다. 유네스코 세계자연유산이고요.

에콰도르는 이미 1959년에 갈라파고스 군도 일대를 자연공원으로 지정했고, 1998년에는 13만 제곱킬로미터에 이르는 해역을 해양보호구역으로 정해 어업 활동과 개발을 막고 있습니다. 이 보호구역을 더 늘리겠다, 하지만 그러면 어업을 할 수 있는 바다 면적이 줄어들어 경제적 손실이 크니 국제사회가 그만큼 혜택을 달라는 것이 에콰도르의 요구였습니다. 에콰도르는 외국에 진 빚이 적지 않아요. 460억 달러의 나라 빚이 있는데 이는 그 나라 GDP의 45퍼센트에 이릅니다. 그중 16퍼센트 정도가 영국, 스페인, 미국 등 외국 정부에 진 빚이라고 해요.

에콰도르 대통령은 "환경 보전과 채무를 바꾸자"고 제

안했습니다. 에콰도르는 환경보전에 투자할 테니 국가 빚을 채권국들이 일부라도 탕감해달라는 거였습니다. 채권국들은 에콰도르의 요구를 들어주지 않았습니다. 하지만 지구를 망친 부자 나라들이 개도국들에 진 환경 빚을 갚으라는 요구는 앞으로 갈수록 커질 것이 분명합니다. 실제로 돈 많은 나라들에 지구 환경을 망친 책임이 있고요.

한국도 그 책임을 어떻게 질 것인지를 고민해야 합니다. '우리도 살기 바쁜데 왜 돈을 내라는 거야'라고 생각할 일이 아니라, 한국 사회 안에서 기후 대응의 필요성을 더 깊이 알고 고민하는 계기로 삼으면서 국제사회에서 우리의 책임을 다할 방법을 생각해 봐야겠지요.

정부만 돕나요?
시민들도 돕지요

지금까지 유엔이나 국가 차원의 구호활동 또는 개발 협력 원조를 주로 이야기했는데, 민간 개발기구들도 활발히 활동하고 있습니다. 예를 들면 세계의 빈곤 퇴치를 기치로 내건 대표적인 구호기구로는 옥스팜Oxfam이 있습니다.

옥스팜은 제2차 세계대전이 진행 중이던 1942년 '옥스퍼드 기근구호위원회'라는 이름으로 탄생했습니다. 독일 나치가 점령하고 있던 여러 지역에서 굶주리는 사람들에게 식량을 나눠주면서 시작되었습니다. 옥스팜은 전쟁이 끝난 뒤 아프리카와 남아메리카 등으로 구호활동의 범위를 넓혔

© Oxfam East Africa.

민간 개발기구인 옥스팜은 세계의 빈곤 퇴치를 위해 일한다.

습니다. 현재는 미얀마의 소수민족인 로힝야족 돕기 등 긴급구호를 포함해 교육, 기후 변화, 인권 등 다양한 분야에서 활동하고 있습니다. 옥스팜은 '가난이 없는 공정한 세상'을 만들겠다는 비전을 내걸고 있습니다.

옥스팜이 매년 발표하는 「불평등 보고서」는 세계의 부자들이 지구상의 자산 가운데 몇 퍼센트를 차지하고 있는지, 수많은 하위 소득 인구와 비교해 얼마나 자산이 편중돼 있는지를 계산해 보여줍니다. 21세기 부와 자산의 불평등을 적나라하게 드러내, 발간될 때마다 주목을 받습니다.

예를 들어 2020년 보고서에 따르면, 10억 달러 넘는 재산을 가진 '슈퍼리치(초갑부)'는 세계에 2153명이었습니다. 이들의 재산 총액을 합치면 하위 60퍼센트인 46억 명의 재산을 다 합친 것보다도 5000억 달러가 많았다고 합니다. "이집트에서 피라미드가 만들어질 때부터 매일 1만 달러를 저축해 돈을 모았다 해도 가장 부유한 억만장자 5명 자산 평균의 5분의 1에 불과하다"니, 빈부 격차가 얼마나 큰지 짐작이 되시나요?

옥스팜이 2022년 발표한 또 다른 보고서에 따르면, 억만장자들이 투자한 183개 기업이 내놓는 탄소 배출량은 연간 300만 톤에 이른다고 합니다. 이는 소득 하위 90퍼센트, 즉 세계의 나머지 대다수 사람들이 평균적으로 내놓는 탄소 배출량보다 압도적으로 많다는군요.

그 외에도 여러 개발기구들이 있습니다. 세계은행과 국제통화기금IMF은 저개발국이 발전할 수 있도록 돕고, 각국이 재정을 튼튼히 유지할 수 있도록 감시하고 지원하는 기관들입니다. 하지만 실제로는 힘없는 나라들을 윽박질러 '시장을 외국 자본에 개방해라' '빚을 더 얻고 싶으면 공기업들을 구조조정 해서 인력을 잘라내라'고 요구하는 일이 많아 거센 비판을 받아왔습니다. 이런 국제 금융기구들을 통틀어서 '브레턴우즈 기구들'이라고도 부릅니다.

'브레턴우즈 프로젝트'라는 단체는 미국의 입김에 휘둘리는 이런 기구들의 활동을 감시하고 비판하는 일을 합니다. '글로벌 저스티스 나우'라는 단체는 영국에서 시작된 비정부기구인데 기후 대응부터 부채 탕감, 세계은행과 IMF 개혁 같은 여러 주제를 다룹니다. 이런 단체들은 민간 차원에서 빈국의 발전을 돕는 역할을 합니다. '액션 아프리카'라는 단체는 아프리카 아이들과 가난한 가족들을 돕고, 인권을 지키고, 저개발 지역에서 소규모로 사업을 하는 사람들을 지원해줍니다.

심지어 다국적 기업, 미국 마이크로소프트 창업자 빌 게이츠 같은 억만장자들, 혹은 그들이 돈을 내서 만든 단체들, 종교와 관련된 재단 등 여러 종류의 주체들이 개발협력에 관여하면서 변화가 일어나고 있습니다. 어려운 지역을 돕는 사람이 많아지는 것은 좋은 일이지요. 돈이 더 늘어나고, 저개발 지역에 기술과 지식을 전달할 다양한 통로가 생기게 되니까요. 다만 이때까지 원칙으로 세워놓았던 것들과 어떻게 조화를 이룰 것인지가 과제입니다.

OECD 개발원조위원회에 따르면, 민간단체들을 통틀어 세계 발전에 기여한 액수가 2020년 210억 달러에 이른 것으로 추산됩니다. 하지만 돈보다 더 중요한 것은, 도움을 주는 나라의 정부 기관들이 직접 들어가서 관여하기 힘든 빈국의 가난한 지역과 연계를 맺고, 이런 민간단체들이 '풀뿌리 활동'을 하면서 가장 구체적이고 가장 현실적인 원조와 협력 방법들을 만들어내고 있다는 점이겠지요.

가난에서
벗어난 나라들

우울한 이야기만 했으니 이번에는 희망적인 얘기를 해볼게요.

70년 전에는 미국과 유럽 몇몇 나라들을 빼면 세계 사람들 거의 모두가 가난했습니다. 미국과 유럽에도 지금보다 가난한 이가 훨씬 많았고요. 하지만 한국을 비롯해 '아시아의 용'이라 불린 몇몇 나라들은 가난을 이겨내고 눈부시게 성장했습니다.

아시아에 남아 있는 공산국가인 중국과 베트남도 비슷한 모델을 따르고 있습니다. 아시다시피 중국은 워낙 인구가 많잖아요. 통계로 보면 세계 인구의 상당수가 지난 한 세대 동안 빈곤에서 탈출했는데, 그 가운데 중국의 인구가 압도적입니다. 인도도 그 길을 가려고 하고 있고요. 걸프의 산유국들은 석유나 천연가스 같은 자원을 발판으로 발전했습니다. 천연가스가 많은 카타르는 2022년 월드컵을 개최했고, 아랍에미리트는 2020년 화성 탐사선까지 발사했습니다.

　아프리카는 가난한 대륙이라는 인식이 아직 많고 또한 그것이 사실이기도 하지만, 아프리카라고 다 가난한 것은 아닙니다. 아프리카 최대 산유국인 나이지리아는 오랜 군사독재 정권을 거쳐 평화적으로 민주주의로 전환했고, 자원을 팔아 얻은 돈으로 개발에 한창입니다. 나이지리아의 경제 중심지이자 석유 수출 항구로 유명한 라고스의 중심가에는 고층 건물들이 줄지어 서 있습니다. 서아프리카에 있는 코트디부아르의 최대 도시인 아비장에도 빌딩숲이 있고, 동아프리카의 케냐도 비슷합니다.

　유엔은 교육이나 의료, 교통 등에서 많이 뒤처진 나라들을 최저개발국으로 묶어서 지원하고 있습니다. 그 가운데 빈곤에서 벗어난 나라들을 볼까요. 유엔무역개발회의United Nations Conference on Trade and Development, UNCTAD에 따르면,

나이지리아 최대 도시인 라고스의 중심가에는 고층 건물들이 줄지어
서 있다.

아프리카의 보츠와나는 1994년 가난에서 벗어나 중위 소
득 수준으로 향하는 나라가 됐습니다. 히말라야의 작은 나
라 부탄은 2023년에, 앙골라와 상투메 프린시페, 솔로몬제
도는 2024년에 최저개발국 리스트에서 '졸업'합니다.

　유엔은 소득, 인적 자산, 경제와 환경의 취약성이라는
세 가지 기준을 가지고 각국의 사정을 평가해서 졸업을 시
킬지를 결정합니다. 당초 방글라데시, 라오스, 네팔은 이 명
단에서 2021년 졸업할 예정이었는데 하필이면 코로나19

팬데믹이 세계를 덮치는 바람에 좀 늦어졌습니다. 하지만 캄보디아와 지부티, 세네갈, 잠비아 등은 그 해에 예정대로 졸업을 했습니다. 지부티, 세네갈, 잠비아는 모두 아프리카에 있는 나라들입니다.

최저개발국 상태에서 벗어난 나라들은 물론 앞으로도 갈 길이 멉니다. 하지만 한 번 발전의 시동이 걸렸으니, 특별한 재난이 닥치지 않는다면 중위 국가 수준으로 발전할 수 있을 것입니다. 어떤 나라가 빈국 딱지를 붙이고 있느냐 떼느냐, 어떻게 보면 너무 형식적인 이야기처럼 들릴 수 있습니다. 그러나 이는 그 나라들에 살고 있는 수천만 명의 삶의 질이 나아진다는, 너무나 중요한 이야기랍니다. 그렇게 될 수 있도록 더 잘사는 나라들이 도와줬기에 가능했던 것이고요.

가난에서 탈출한 보츠와나

　보츠와나는 아프리카 남부에 있는 나라입니다. 이름이 좀 생소하지요? 남아프리카공화국, 나미비아, 잠비아, 짐바브웨 같은 나라들이 보츠와나를 둘러싸고 있어요.

　영국의 간접 통치에서 벗어나 1966년 국가를 세웠는데, 당시만 해도 세계에서 정말 가난한 나라들 가운데 하나였습니다. 하지만 지금은 1인당 연간 실질 GDP가 2021년 기준 1만 5000달러로, 세계의 나라들을 소득 순으로 쭉 줄세운다면 가운데쯤 위치하는 나라가 됐습니다. 한동안 한국 등의 발전 사례를 '빈국에서 발전한 나라가 된' 국가의 모델로 삼고 분석하던 세계 학자들은 2000년대 이후로는 보츠와나를 뒤이은 모범 사례로 분석하고 있습니다.

이 나라의 발전 과정을 보기 전에 먼저 역사를 소개할 게요. 19세기 말 영국이 아프리카 남부를 지배하던 시절에 악명 높은 식민주의자인 세실 로즈라는 사람이 있었어요. 아프리카 남부에 베추아날란드로 불리는 지역이 있었는데, 로즈는 그 땅도 자기 영향력 밑에 두고 싶어 했어요.

1895년 그 지역에 살던 츠와나 부족을 대표하는 부족 장들이 원양 여객선을 타고 머나먼 길을 여행한 끝에 영국으로 갔습니다. 부족장들은 런던에서 영국 총리를 만나, 로즈의 계획대로 되면 자기네들 지역이 더욱 수탈을 당할 것이고 영국에도 좋지 않을 것이라고 설득했습니다. 로즈와 정치적으로 라이벌이었던 영국 총리는 츠와나 부족이 이전처럼 영국의 간접 통치를 받으면서 자치를 누릴 수 있도록 하겠다고 약속했습니다.

영국이 자애로웠기 때문이라기보다 츠와나 부족의 결단과 지혜가 빛을 발한 순간이었습니다. 츠와나 부족은 지금 기준으로 보면 일종의 민주주의에 해당하는 집단적인 의사결정 절차를 갖고 있었어요. 부족회의가 있었고, 부족

보츠와나대학교의 환경과학 빌딩. 독립 당시 대학 졸업자가 22명에 불과했던 보츠와나는 이제 교육비 지출이 세계에서 가장 높은 수준이다.

아니어서 능력이 있는 이들에게 열려 있었습니다. 부족장들은 런던에 다녀온 뒤 자치를 유지하고 토착 제도를 보전하려고 애를 썼습니다.

하지만 전통만으로 모든 것을 이룰 수는 없지요. 츠와나 부족들의 땅인 보츠와나공화국이 만들어졌을 때 "포장도로는 모두 합쳐봐야 12킬로미터에 불과했고, 대학 졸업장이 있는 시민은 22명, 중등교육을 받은 시민이라고 해봐야 고작 100명이 전부"였다고 합니다. 국가들의 발전을 비교연구한 두 학자, 대런 애쓰모글루와 제임스 로빈슨의 『국가는 왜 실패하는가Why Nations Fail』라는 책에 소개된 내용입니다.

독립한 뒤에도 보츠와나는 민주주의를 지켰습니다. 정기적으로 선거를 치렀고, 주변국들에서 흔히 일어났던 내전을 피했습니다. 다이아몬드를 비롯한 광물자원이 발전에 도움을 줬습니다. 이런 자원이 있어도 발전은커녕 오히려 싸움이 일어나는 나라들이 흔한데, 보츠와나의 민주적 전통이 유혈 사태를 피하게 해줬습니다. 집권당인 보츠와나 민주당BDP이 독립 이래로 계속 집권하고 있긴 하지만, 군부 장기집권 같은 것이 아니라 선거를 통해 한 정당이 오래도록 권력을 이어가는 일본과 비슷한 구조예요.

보츠와나의 인구는 많지 않습니다. 2021년 기준으로 240만 명 정도예요. 정부가 안정돼 있고, 행정 시스템이 잘 돌아가고, 거기에 자원도 있고, 교육비 지출은 세계에서 가장 높은 수준이어서 거의 보편적인 무상 초등교육을 실시하고 있습니다. 이제 보츠와나는 2036년까지 고소득 국가로 발돋움하는 것을 목표로 하고 있답니다. 다만 다이아몬드가 전체 수출의 80퍼센트 이상을 차지하고 재정 수입도 거기에 의존하고 있기 때문에 산업을 더 발전시킬 필요가 있지만요.

4장

좋은 원조,
나쁜 원조?

좋은 원조,
나쁜 원조?

말라리아가
없어지지 않는 이유

매년 4월 25일은 세계 말라리아의 날World Malaria Day입니다. 말라리아를 퇴치하자는 목적에서 세계보건기구WHO가 제정한 날입니다.

말라리아는 모기를 매개로 전염되는 감염병입니다. 말라리아 원충에 감염된 모기가 사람을 물 때 사람의 핏속으로 원충이 들어오면서 질병이 생깁니다. 감염되면 처음에는 독감처럼 고열, 두통 등의 증상이 나타나지요. 중증 말라리아에 감염된 경우 적절한 때에 치료를 받지 않으면 목숨을 잃을 수 있습니다. 하지만 우리 주변에서 말라리아에 걸려 심하게 앓았다거나 목숨을 잃었다는 이야기를 들은 적은 거의 없을 거예요. 말라리아는 대부분 열대 지역에서 발생하기 때문입니다.

세계보건기구가 발간한 「2022년 세계 말라리아 보고서」에 따르면, 2021년 84개국에서 약 2억 4700만 명이 말라리아에 걸렸습니다. 대부분은 아프리카 지역에서 발생했어요. 전체 감염자의 96퍼센트가 나이지리아, 콩고민주공화국, 우간다, 모잠비크 등 29개국에 집중돼 있습니다.

말라리아로 사망한 사람의 수는 2000년 이후 꾸준히 줄었지만, 코로나19가 퍼진 뒤로는 오히려 늘었다고 합니다. 팬데믹의 영향으로 의료 서비스가 중단되거나, 가뜩이나 모자란 보건의료 예산과 자원이 코로나19 쪽으로 옮겨 갔기 때문이에요. 한 해에 60만 명 넘는 이들이 말라리아로 목숨을 잃었는데, 그중에 5세 미만 어린이가 차지하는 비율이 80퍼센트에 가깝습니다.

왜 말라리아는 유독 열대 지역 가운데서도 아프리카에서 창궐하는 걸까요? 절대 빈곤과 열악한 인프라가 그 이유로 꼽힙니다. 먹고살기 힘드니 낡고 지저분하고 물이 고이고 모기가 득실거리는 집에서 지내야 하니까요. 교육을

미국의 국제개발처 팀에서 말라리아를 예방하기 위해 방역하는 모습. 말라리아는 아프리카의 오랜 풍토병이지만, 2021년에야 백신이 나왔다.

받지 못한 사람들은 말라리아에 대해 정확히 알고 있지 못한 경우도 많아요. 모기에 물리지 않도록 모기장을 치거나, 물웅덩이를 없애거나, 혹시라도 감염되면 바로 치료를 받아야 하는데 그런 지식이 없는 것이지요. 심하게 아파도 의사를 찾아갈 돈이 없는 사람도 많습니다.

이렇게 말라리아는 수많은 사람을 죽거나 병들게 만드는 아프리카의 오랜 풍토병이지만, 2021년에야 처음으로 백신이 나왔습니다. 치료약은 있지만 예방하는 것이 더 중요한데 백신 개발은 상대적으로 더뎠습니다. 기술적으로는 말라리아를 일으키는 원충의 종류가 너무 많은 것이 가장 큰 문제였고요. 말라리아는 '가난한 나라의 질병'이라는 생각, 따라서 백신을 만들어봐야 돈이 되지 않는다는 인식 때문에 제약회사들의 우선순위에서 밀릴 수밖에 없었던 것도 중요한 원인이었습니다.

'빅 푸시'가
필요해

　말라리아 같은 문제는 기업들 혹은 '시장'에만 맡겨둘 수 없기 때문에 정부와 민간의 협력이 중요합니다. 여러 국제 구호단체들이 말라리아를 퇴치하기 위해 기금을 모으고 현장에서 활동하고 있습니다. 마이크로소프트 설립자 빌 게이츠가 그런 기금을 만든 대표적인 인물입니다. 게이츠는 말라리아에 대한 경각심을 불러일으키고자, 2009년에 연설을 하면서 모기떼를 푸는 퍼포먼스를 선보인 적도 있습니다.

　국제 구호단체들이 말라리아를 퇴치하기 위해 채택하

는 방법은 살충제를 바른 모기장을 공짜로 나눠주는 것입니다. 시골 마을의 웅덩이를 없애고, 물이 고이기 쉬운 낡은 집들을 고쳐주고, 말라리아에 대한 지식을 알려주고, 시골 마을들에 보건소를 만들기도 해요. 여러 방안을 두루두루 택하고 있지요. 하지만 근본적인 해법은 국제사회의 지원을 발판으로 극단적인 빈곤만이라도 해결하는 것입니다.

'빈곤의 덫'에 빠진 사람들을 구해내려면 지금보다 훨씬 큰 규모의 원조, 이른바 '빅 푸시Big Push'가 필요하다고 말하는 이들이 있습니다. 『빈곤의 종말The End of Poverty』이라는 책을 쓴 미국 경제학자 제프리 삭스가 이런 주장의 대표 주자입니다. 삭스는 기아와 질병이 잦고 교육 기회가 적은 곳에서는 경제적 자립의 밑바탕이 될 종잣돈조차 모이지 않기 때문에, 거대 규모의 원조를 통해 악순환의 고리를 끊고 자립 기반을 마련해줘야 한다고 주장합니다.

삭스의 주장은 아주 새로운 의견은 아닙니다. 사실 모든 개발원조 밑에는 펌프의 마중물을 붓듯이 초창기에 자본을 쌓을 수 있도록 도와줘야 한다는 생각이 깔려 있습니다. 개발원조 예산이 주로 학교나 병원 같은 시설에 투입되는 것도 그 때문이고요. 그런데 제2차 세계대전 이후 현재까지 2조 달러가 넘는 돈이 원조 형태로 빈국들에 이전됐는데도, 지금까지 빈곤은 사라지지 않았어요. 원조의 효율성이 떨어진다, 지금의 원조 방식에는 문제가 있다, 혹은 원조만으로는 되지 않는다는 비판이 나오기도 합니다.

말라리아 모기장으로 돌아가 볼까요. 모기장을 아무리 공짜로 나눠줘도 여전히 말라리아로 고통받는 이가 많습니다. 이유가 뭘까요? "모기장이 공짜였기 때문이다"라고 말하는 사람들이 있습니다. 모기장이 왜 필요한지, 모기장만 있어도 얼마나 많은 아이를 살릴 수 있는지 모르는 이들에게 공짜로 나눠준들 소용이 없다는 것입니다.

실제로 모기장을 받아놓고 사용하지 않는 사람이 적지 않은데다, 심지어 모기장을 물고기 잡는 그물로 쓰거나 몰래 내다 팔기도 했어요. 그래서 쓸모를 알고 단 돈 몇 푼이라도 들여서 샀다면 소중하게 쓰지 않았겠느냐는 의견도 나옵니다. 즉, 받는 사람이 아니라 '주는 사람'의 입장에서 일방적으로 계획하고 시행한 원조는 현장에서 효과를 내기 쉽지 않다는 것이지요.

왜 그런 일이 벌어질까요? 원조가 투입한 돈에 비해 적은 성과만 내는 이유 중 하나는, 원조를 받는 당사자들이

국제 구호단체들이 말라리아 퇴치를 위해 살충제를 바른 모기장을 공짜로 나눠주지만, 여전히 말라리아로 고통받는 사람이 많다.

어떤 지원이 필요한지, 어떤 과정을 통해 지원을 받아야 하는지 등을 결정할 권한이 없다는 것입니다. 돈을 내놓는 쪽에서 원조의 양과 방식, 지역을 사실상 일방적으로 결정해왔기 때문입니다. 우리가 원조를 해주는 것이니 우리 기업이 생산한 물건으로만 보내겠다, 이 액수를 줄 테니 그 돈으로 우리 기업과 상품을 계약하라는 식이라면 온전한 도움이라고 하기 힘들지요. 이런 것을 '구속성 원조tied aid'라고 하는데, 오히려 도움받는 나라의 산업이 발전하는 것을 막을 수도 있기 때문에 비판이 많아요.

예를 들면 미국의 원조를 총괄하는 국제개발처USAID 홈페이지에는 "미국의 대외 원조 프로그램의 주된 수혜자는 언제나 미국이었습니다. 미국 국제 개발원조 계약과 보조금의 80퍼센트는 미국 기업의 새로운 수출 시장과 수백만 개의 일자리를 만듭니다"라고 밝힐 정도였습니다. 비판이 쏟아지자 이 구절은 없어졌지만요. 특히 미국은 상대 국가에 '미국 기업들에 시장을 개방하라'거나 구조조정을 하라, 공공 부문 지출을 줄이라는 등 조건을 달기도 했습니다. 그렇다 보니 원조를 많이 받는 나라가 산업을 키우거나 자본을 축적할 기회가 오히려 줄어들기도 했죠.

원조를 명분으로 돈을 빌려주는 문제도 꼼꼼히 점검해야 합니다. 사정이 급할 때 누군가가 돈을 빌려주면, 산업이 발전하고 경제가 커진 뒤에 갚을 수 있으니 큰 도움이 되겠지요. 하지만 잘못하면 빚더미에 앉습니다. 차관이 고스란히 국가 채무로 남아 그 나라 정부의 재정에 부담이 되고 발전에 오히려 걸림돌이 되기도 해요. 126개 개도국이 갚아야 하는 외채가 평균적으로 그 나라들 정부 예산의 14.3퍼센트에 달한다는 보도도 있었습니다.

냉전 싸움에
활용된 원조

　개발원조는 기본적으로 선의에서 나온 것이지만 돈을 내는 나라가 자국의 이익을 염두에 둘 때가 적지 않습니다. 또한 원조를 하는 것은 베푸는 일인 동시에, 국제 무대에서 위상을 높이는 방안이기도 합니다. 좋은 일을 하면 평판이 좋아지는 것은 당연하겠지요. 하지만 국제사회에서 위상을 높이기 위해, 정치적 영향력을 키우기 위해 원조를 의도적으로 이용하는 경우도 많습니다. 혹은 자국과 관련이 있는 나라, 정치적으로 유용한 나라에 원조를 집중하기도 하고요.

그래서 원조는 '받는 나라'보다 '주는 나라'에 따라 대상과 내용이 달라지곤 합니다. 예를 들어 영국의 원조를 많이 받은 나라들을 보면 파키스탄, 시리아, 에티오피아, 아프간이 상위 5개국입니다. 미국이 일으키고 영국이 따라간 '테러와의 전쟁'에서 지리적으로 중요한 나라였거나, 인구가 많아 영국의 시장으로서 잠재력이 높은 나라들이었지요.

사실 '정치적 원조'는 냉전 시절부터 곧바로 가시화했습니다. 미국과 소련이 제각기 자기네들 '진영'을 지원하거나, 자기네 쪽으로 끌어당기기 위해 원조를 활용했으니까요. 1980년대 후반부터는 냉전 논리보다 미국 기업들 혹은 다국적 기업들의 이해관계가 원조에 영향을 많이 미쳤습니다. 앞서 말했듯이 세계은행과 IMF가 돈을 빌려주면서 시장 개방과 구조조정을 요구한 것처럼 말이에요. 미국이 주도한 이런 행태를 '워싱턴 컨센서스Washington consensus'라고 불렀는데, 개도국들을 돕기는커녕 그나마 있던 공공 인프라마저 외국 기업에 팔아치우도록 몰아붙이기 십상이었습니다.

서구 부자 나라들을 중심으로 하는 개발원조가 한 축에 있다면, 20세기 후반 이후부터 시작된 가파른 경제 성장과 이를 통해 쌓은 자본을 바탕으로 중국도 해외 원조에 나서기 시작했다는 점을 앞에서 이야기했습니다. 중국은 서로 평등하게, '원조를 받는 국가의 내정에 간섭하지 않는다'는 원칙하에 아프리카 등지의 개도국에 막대한 돈을 지원하고 있다고 말합니다. 서방과 달리 그 나라 사정에 맞춰 원조를 한다고도 하고요.

원조받는 나라에 감 놔라 배 놔라 하는 미국식 원조와 대비되면서 중국 돈을 택한 나라가 적지 않았습니다. 특히 도로나 항구 같은 인프라 건설에서 중국의 도움을 받거나, 중국과의 교역이 늘어날 것이라 기대를 건 나라가 많았어요. 서방 국가들에는 식민지 점령의 어두운 과거가 있는 것과 달리 중국에는 그런 '원죄'가 없다는 점도 개도국들과 중국을 이어준 요인이 됐습니다.

하지만 중국식 원조 역시 긍정적인 측면만 있지는 않습니다. 중국의 원조는 돈을 빌려주는 것일 때가 많습니다. 중국은 세계 최대 채권국인데, 그중에는 원조의 틀을 빌려 차관을 내준 액수가 꽤 됩니다. 인프라 건설을 도와주되, 중국 건설업체가 계약하고 중국 노동자들이 건너가 일할 때가 많습니다. 미국 못지않게 자기네 이득 중심으로 원조를 하고 있는 것이지요.

무엇보다 중국이 내준 돈은 개도국에는 어떤 딱지가 붙었든 모두 결국 빚입니다. 스리랑카 남부에 있는 함반토타 항구는 20여 년 동안 중국으로부터 대규모 투자를 받아오다 중국의 '부채의 덫'에 걸린 대표적인 사례로 거론되곤 합니다. 스리랑카는 2010년 중국의 차관으로 함반토타 항을 건설했는데, 예상만큼 실적을 내지 못해 큰 부채를 떠안게 됐습니다. 결국 항구의 지분과 운영권은 중국 국영기업에 넘어갔습니다.

이런 일이 곳곳에서 벌어지자 서구 언론들은 "중국이 여러 나라를 빚의 덫에 빠뜨리고 있다"고 비난했습니다. 반면에 중국은 "우리가 의도한 것이 아니며, '부채의 덫'이라는 프레임은 미국 등 서방이 만든 것"이라고 반박합니다. 실제 스리랑카에 돈을 빌려준 나라가 중국뿐만이 아닌 것도 사실입니다. 중국의 자금이 독재 정권을 지탱해준다는 비판도 끊이지 않습니다. 부패한 독재 정권에 중국의 돈이 흘러들어 가면서 사실상 독재자나 기득권의 수명을 연장해준다는 것입니다.

정부보다 '시장'이
더 낫다?

그렇다고 주는 나라들 탓만 해서는 안 되겠지요. 받는 나라 안의 문제가 더 클 때도 물론 많습니다. 민주적인 의사 결정 제도가 갖춰지지 않은 나라에서 원조가 실제 주민들이 아닌 지배 계층의 주머니로 들어간 일이 적지 않았거든요. 정권이 자신들의 정치적 기반인 지역에 개발 프로그램을 몰아주기도 했고요. 당장 성과가 눈에 보이는 사업에 원조가 집중되어, 교육 등 장기적인 관점에서 주민들의 생활을 개선하는 사업은 우선순위에서 밀린 점도 문제로 꼽힙니다. 학교 건물을 짓는 것도 중요하지만 학생들의 출석률을 높이고 교육의 질을 높이는 것도 중요한데, 그동안의 원조는 주로 건물을 늘리는 것에 집중해왔다는 비판이 있습니다.

이런 부작용들이 있으니 아예 원조 자체를 하지 말자는 '원조 무용론'까지도 나옵니다. 아프리카 잠비아 출신의 경제학자인 담비사 모요는 "아프리카를 비롯해 원조로 경제를 꾸려가는 나라들이 수십 년간 거액의 원조를 받고도 여전히 가난한 이유는 원조 그 자체"라고 말합니다. 모기장의 사례에 견줘보면 모기장을 무상으로 들여와 나눠주었기 때문에 모기장을 생산하는 현지 업체는 문을 닫아야만 했다는 것이지요.

모요는 원조로 들어온 돈이 부패한 현지 정부를 유지하는 생명줄이 됐고, 이런 구조 속에서 투자는 줄고 실업률은 높아지며, 다시 또 원조가 들어오는 악순환이 계속되고 있다고 주장합니다. 따라서 원조를 끊는 충격 요법으로 구조 자체를 바꾸어야 한다는 것이에요. 물론 이는 극단적인 주장입니다만, 주는 사람 위주의 원조 방식을 바꾸자는 얘기를 하는 이가 많습니다.

일방적인 원조가 아니라, 저개발국들 스스로 시장을

형성할 수 있도록 해야 한다면서 시장 중심의 발전 모델을 강조하는 이들도 있습니다. 빈곤의 악순환을 끊으려면 무작정 돈을 들이붓는 것보다는 그 나라에서 수요와 공급이 이뤄질 정도의 시장이 형성돼야 한다는 것입니다.

전 세계 빈곤과 질병 퇴치에 지속적으로 관심을 기울이고 재단을 설립해 자금을 지원해온 빌 게이츠는 '창조적 자본주의'라는 개념을 내세웁니다. 그는 2008년 세계경제 포럼에서 시장의 힘을 강조하면서 "자본주의가 부자들뿐만 아니라 가난한 사람들을 위해서도 기여할 수 있도록 하는 방안을 찾아야 한다"며 "정부와 기업과 NGO들은 저소득층을 위한 제품과 서비스로 수익을 올리면서 동시에 시장의 혜택을 온전히 누리지 못하는 이들의 삶도 개선시키는 두 가지 사명을 가져야 한다"고 말했습니다.

인도 출신으로 미국에서 활동한 개발경제학자 C. K. 프라할라드는 '피라미드의 밑바닥Bottom of the Pyramid'에서도 부를 충분히 창출할 수 있다는 점을 강조했습니다. 기업들은 주로 부자들이 있는 꼭대기층을 대상으로 사업을 하지만, 피라미드의 아래층에 속한 저소득층은 인구가 많기 때문에 더 크고 수익성 있는 시장이 될 수 있다는 거예요.

아프리카에서는 유선전화 단계를 건너뛰고 바로 휴대전화를 쓴다. 모바일이 가져온 통신혁명은 아프리카의 변화와 성장에 새로운 길을 제시하고 있다.

모기장이 필요하다 생각되면 누군가는 모기장을 만드는 공장을 차리겠지요. 그러면 모기장이 긴요하다는 점을 알게 되는 사람들이 늘어날 것이고 수요도 증가할 것입니다. 그럼 대출이 필요한 사람이 많아질 텐데, 은행 지점이 별로 없는 농촌에 산다면 어떻게 해야 할까요?

아프리카에는 유선전화가 보급돼 있지 않은 곳이 많았습니다. 하지만 모바일 시대가 되면서 전화선이 깔리지 않은 지역에서도 주민 대부분이 휴대전화를 쓸 수 있게 됐습니다. 유선을 거치지 않고 무선으로 바로 가는 이런 상황을 물리학 개념에 빗대 '퀀텀 점프Quantum Jump'라고 부르기도 합니다.

케냐의 한 회사는 여기에 주목해 모바일 대출 사업을 벌여 아프리카에서 통신혁명을 일으켰습니다. 싼 휴대전화나 인터넷 서비스, 합리적인 사양에 비싸지 않은 자동차, 신용이 낮아 시중 은행에서는 돈을 빌리기 어려운 사람들을 위해 담보 없이 소액으로 대출을 해주는 마이크로파이낸스 등 다양한 비즈니스 모델이 성공을 거둔 바 있습니다.

이런 식의 성장이 원조보다 더 중요하고 효과적이라고 말하는 이가 최근에는 많아졌습니다. 그렇다고 원조를 끊자는 것은 아니고, 시장과 개발원조가 함께 가야 한다는 뜻입니다. 시장이 모든 문제를 해결해주는 만능열쇠가 될 수는 없겠지만, 원조 과정에서 드러난 문제점들을 보완하고 국가 경제를 키우는 혁신이 필요하다는 취지는 충분히 공감을 살 만한 대목입니다.

부자 나라, 가난한 세계

'받는 나라'에서
'주는 나라'가 된 한국

여러 곳에서 드러난 문제점에도 불구하고 원조는 여전히 필요합니다. 부작용이 있다고 해서 당장 가난에 시달려 죽음을 눈앞에 둔 사람들을 돕지 않을 수는 없겠지요. 특히 가난한 나라는 더욱 가난해지고, 부자 나라는 더 부유해지면서 그 격차가 커지고 있는 상황에서는 더더욱 말입니다. 유엔에 따르면 전 세계 인구의 14퍼센트가 사는 46개 국가는 최빈국에서 벗어나 경제 발전을 이루기가 현실적으로 어려운 처지라고 합니다. 이 나라들의 빈곤을 끝내려면 국제사회의 더 많은 투자가 필요한 것이 사실입니다.

특히 2019년 말부터 세계를 덮친 코로나19 팬데믹과 기후 위기에 따라 일부 지역에서 발생하는 극심한 재난 등으로 세계적인 '불평등의 위기'가 심각해지고 있습니다. 2020년 아프리카 대륙 남동부의 섬나라 마다가스카르에서 기후 변화로 최악의 가뭄과 기근이 발생했을 때, 세계식량계획의 데이비드 비즐리 사무총장은 "장차 모두에게 닥쳐올 미래"라면서 "공포영화"라고 표현했습니다.

한국에서 1만 킬로미터 넘게 떨어진 섬나라의 현실이 크게 와 닿지 않을지도 모르겠습니다. 하지만 가난한 국가들이 처한 문제라고만 할 수는 없어요. 경제적으로 발전된 나라라고 해도, 그 안에는 가난한 사람들이 있습니다. 돈 있는 사람들은 그 돈을 투자해 점점 더 많이 벌고, 돈 없는 집에서 태어나 교육을 비롯한 '계층 이동의 사다리'에 올라타지 못해 계속 가난에 빠져 살아가는 사람이 오히려 늘고 있습니다. 그걸 우리는 격차라고 표현합니다.

프랑스의 토마 피케티 같은 이들을 비롯해 몇몇 경제학자들은 이제 빈부 격차가 그저 가난한 이들만의 문제가 아니라 경제 성장을 막는 걸림돌이 됐고, 그 자체로 '위기'를 부르고 있다고 말합니다. 기후 위기 역시 피해 정도가 당장은 다를지언정 어느 나라나 겪을 수밖에 없는 세계적인 문제입니다.

"마다가스카르가 최빈국에서 벗어나는 것은 세계 모두의 문제이며, 기후 위기에 따른 기근을 함께 해결해 나가지 않으면 함께 멸망하게 될 것이다." 마다가스카르 외교장관이 한 말입니다. 모두가 함께 더 나은 삶을 살아갈 방법을 찾아야 하는 이유입니다.

유엔 역시 원조가 쓸모 있느냐 없느냐를 가지고 다투며 눈치만 보지 말고 오히려 원조를 대폭 늘려야 한다고 주장합니다. 찔끔찔끔 돈을 내주거나 속셈을 갖고 빌려주는 게 아니라, 가난한 나라들이 발전의 궤도에 올라탈 수 있도록 제대로 도움을 주자는 것이에요. 유엔이 OECD의 부자 나라들에 국민총소득의 0.7퍼센트를 개발원조 예산으로 편성하도록 권고한 것도 그 때문입니다. 하지만 실제 OECD의 개발원조위원회 국가들이 편성한 예산은 평균적으로 2021년 국민총소득의 0.33퍼센트에 불과했습니다.

여기서 다시 한 번 우리 이야기를 하지 않을 수 없겠네요. 개발원조 분야에서 한국은 매우 독특한 위치를 차지하고 있습니다. 모두 알다시피 원조를 받는 나라에서 원조를 하는 나라로, 모두가 예상하지 못한 짧은 시간에 위상이 달라졌기 때문입니다. 일제 강점기에 가혹한 수탈을 겪었던 한국은 해방된 이후 곧바로 이어진 한국전쟁으로 국토가 폐허가 되면서 국제사회의 원조를 받았습니다. 전후 복구를 위한 긴급구호에 이어 1960~1970년대를 거치며 차관 등을 받아왔습니다. 1945년부터 1990년까지 55년 동안 국제사회로부터 받은 원조는 127억 달러 정도인데, 지금으로 치면 600~700억 달러에 이른다고 해요.

한국은 50여 년 동안 경제적으로 발전했고 2000년에는 원조받는 나라 명단에서 빠졌습니다. 10년이 지난 2010년에는 개발원조위원회에 가입해 '공여국'이 됐습니다. 한국은 세계를 돕기 위해 더욱 적극적인 역할을 해야 합니다. 유엔 등 국제기구에서도 그것을 기대하고 있고요. 국제정치에서 한국이 더 큰 목소리를 내기 위해서라도 더 큰 책임을 져야 합니다.

그래서 모기장을 줘야 할까요, 말아야 할까요

　원조와 구호의 역사를 되짚어보면 '더 많은 원조가 필요하다'는 주장에서부터 '이대로는 안 된다' 또는 '원조를 멈추어야 한다'는 주장까지 그 효과를 둘러싸고 낙관론과 비관론이 교차하는 것을 알 수 있습니다. 논쟁은 지금도 계속되지만 많은 사람이 공감하는 것이 있습니다. 가난한 사람들은 자립의 토대가 될 도움이 필요하며, 그 도움은 궁극적으로는 이들의 삶이 더 나은 방향으로 나아갈 수 있도록 해야 한다는 것입니다. 원조의 최종 목적은 사람들이 더 잘 살 수 있게 하는 것이니까요.

개발의 성과를 GDP나 외채 규모 등으로 평가하기보다, 실제 사람들이 얼마나 더 잘살게 됐는지 현장에서 파악해야 한다는 주장이 요즘에는 더 힘을 얻고 있습니다. 2019년 노벨 경제학상은 이 주제를 다뤄온 이들에게 돌아갔습니다. 수상자가 발표됐을 때 '파격적'이라는 평가가 나오기도 했습니다. 이전까지는 한 사람 한 사람의 삶보다 '성장' '국가경제' 같은 큰 얘기늘이 경제학의 주된 관심사였으니까요.

'가난한 사람을 더 잘살게 할 수는 없을까'라며 격차를 줄이는 데 초점을 둔 연구를 해서 노벨 경제학상을 받은 주인공은 인도 출신으로 미국에서 활동하는 아브히지트 바네르지와 그의 부인인 프랑스 출신 에스테르 뒤플로, 그리고 미국의 마이클 크레이머 세 사람이었습니다. 이들은 저개발국의 가난한 지역에서 직접 주민들을 만나고, 실험을 통해 빈곤을 해결하는 방법을 찾는 연구를 해왔습니다. 현장에서 원조의 효과를 조사해보고, 효과가 입증된 프로그램을 확대하자는 것입니다.

세 사람은 원조 프로그램이 과연 효과가 있는지를 알아보기 위해 '무작위 통제 실험'이라는 방법을 택했습니다.

주로 과학이나 의학 분야에서 활용되는 기법인데, 무작위로 '실험군'과 '대조군'을 선정합니다. 실험군에만 특정 원조 프로그램을 실시한 뒤, 프로그램에 포함돼 있지 않았던 이들과 비교해보는 것이지요.

이를테면 모기장을 나눠주는 게 효과가 있는지 확인하기 위해서 모기장을 공짜로 받아간 사람들, 작은 돈이나마 지불하고 가져간 사람들, 모기장을 받으면서 사용법에 대한 설명을 들은 사람들 등으로 나눠서 비교해보고 효과를 측정한다고 상상하면 되겠습니다. 나라와 지역과 마을마다 문화와 제도가 다르고 그 영향으로 결과가 다르게 나올 수 있으니, 실험을 할 때는 원조를 받는 지역의 특성도 고려해야 합니다.

이런 식으로 15년 동안 40여 개 마을을 연구한 뒤 플로와 바네르지는 빈곤층의 현실을 알려주는 책『가난한 사람이 더 합리적이다Poor Economics: A Radical Rethinking of the Way to Fight Global』를 썼습니다. 흔히들 가난한 사람은 게을러서, 합리적이지 못해서, 지적인 판단 능력이 떨어져서 가난한 거라고 생각하기 쉽습니다. 하지만 연구 결과는 그렇지 않았어요.

예를 들어 '빈곤층이 경제적으로 어려운데도 자식을
더 많이 낳기 때문에 더 가난해진다'는 고정관념을 한번 생
각해봅시다. 상대적으로 부유한 나라일수록 인구 증가율이
낮은 반면 소득이 낮은 아시아와 아프리카 국가들의 출산
율은 높은 편입니다. 한 가정이 벌어들이는 수입은 한정적
인데 이를 여러 명이 나눠 써야 한다면 아이들 개개인에게
투입되는 자원이 줄어들겠지요. 집안 살림에도 부담이 될
거고요. 가난한 나라의 부모들은 그럼에도 왜 아이를 많이
낳는 걸까요?

부유한 나라에서는 대체로 부모들에게 연금이나 보험
등 노후를 준비할 방법이 있습니다. 그런 능력이 없는 저소
득층을 위한 사회복지 제도도 더 많고요. 하지만 빈국에는
그런 게 많지 않아요. 우리도 예전에 그랬듯이, 자식에게 노
후를 의지할 수밖에 없습니다. 아이를 많이 낳는 것이 '어
리석어서'가 아니라, 나름의 합리적인 선택이었을 수 있다
는 뜻입니다.

아이를 많이 낳아서 가난할 수도 있지만, 가난하기 때
문에 아이를 많이 낳는 것이라면 해법은 어느 쪽을 향해야
할까요? 문제를 정확하게 파악해야 해결할 수 있고, 어떤

지원이 적절한지 알 수 있습니다. 바네르지와 뒤플로는 '책상머리'를 떠나 현장으로 가야 한다고 말합니다. "가난한 사람들의 이야기에 귀를 기울이고 그들의 선택 논리를 이해하려고 노력해야 한다"며, "꼼꼼하게 현실을 이해해야 빈곤의 덫이 어디 있는지 밝혀낼 수 있고, 거기서 빠져나오도록 도우려면 어떤 도구를 주어야 하는지 알아낼 수 있다"고 주장합니다.

바네르지와 뒤플로는 모기장을 무상으로 주는 것이 옳은지 그른지를 알아보기 위해서 동료가 했던 무작위 통제 실험을 소개합니다. 주민들을 몇 그룹으로 나눠 모기장을 여러 방법으로 나눠주고 어떤 경우에 어떻게 모기장을 사용하는지를 알아본 것이지요.

그 결과 모기장을 공짜 혹은 공짜나 다름없는 싼값에 보급받은 경우와 시중 가격을 주고 모기장을 산 경우에 큰 차이는 없었습니다. 오히려 앞의 집단 쪽이 추가로 모기장을 제 돈 주고 사는 비율이 높았으며, 이웃과 친척들이 모기장을 사게 유발하는 비율도 높았다고 합니다. 모기장의 가격보다 사용법에 대한 정보를 충분히 알려줬을 때 사용률이 더 높았다고 해요. 이 실험 결과대로라면, 모기장을 무상

또는 저렴하게 계속 보급하면서 사용법과 효과를 자세히 알려주는 것이 말라리아 감염을 줄이는 방법이 되겠네요.

부자 나라, 가난한 세계

기울어진 운동장 바로잡기

　현실에 도움이 되는 구체적인 원조와 함께 큰 틀에서 공정한 구조를 만들려는 전 세계 모든 국가의 노력도 필요합니다. 세계의 빈곤이 계속되는 이유는 한 사람, 특정 국가 때문이 아닙니다. 혹은 원조를 하는 국제기구나 단체의 문제만도 아니고, 어느 한 주체의 노력만으로 해결될 수도 없습니다. 돈과 재화가 만들어지고 세계적으로 분배되는 과정이 복잡하게 얽혀 있기 때문입니다. 이 과정 자체가 공정하지 못하면 빈곤 문제를 근본적으로 해결하기는 쉽지 않습니다. 기울어진 운동장에서 공을 찬다면 공정한 경쟁 자체가 이뤄지지 않고, 결과 역시 불을 보듯 뻔하니까요.

조건을 단 구속성 원조 등으로 가난한 나라에 정치적, 경제적으로 영향을 미친다면 이 또한 기울어진 운동장을 만드는 것입니다. OECD에 따르면 개발원조로 부국들이 내놓는 돈 5달러 가운데 1달러는 구속성 원조라고 합니다.

이런 상황에서 코로나19 팬데믹으로 경제 성장률이 둔화되면서 채무국들 사정이 더 어려워지자, 빚을 탕감해주자는 목소리가 터져 나왔습니다. 빈곤국들의 부채 탕감을 위해 활동하고 있는 영국 단체 '데트 저스티스Debt Justice'는 2020년 세계 150여 개 단체와 함께 IMF, 세계은행, 주요 20개국G20을 향해 "코로나19 위기를 지나면서 점점 더 많은 나라가 지속불가능한 채무를 떠안게 될 것"이라면서 "보건과 경제 위기 상황에서 개발도상국의 부채를 즉시 탕감해야 한다"고 촉구했습니다.

이 캠페인에 동참한 '부채와 개발 유럽 네트워크 Eurodad'가 69개 개도국을 대상으로 조사해보니, 24개 나라가 2016~2018년 국내총생산의 10퍼센트를 빚 갚는 데에 썼다고 합니다. 물론 빚을 내고 안 갚는 게 버릇이 되면 안 되지요. 갚을 계획도, 능력도 없이 빚을 내고 비효율적으로 쓰는 것을 우리는 '도덕적 해이'라고 부릅니다. 하지만 그 빚을 갚기는커녕 더 못 살게 될 지경으로 빚의 부담이 크다면 차라리 줄여주고 발전하게 도와주는 게 나을 수도 있습니다. 더군다나 빚 자체가 채무국에 불리한 조건으로, 마치 높은 이자의 사채처럼 불공정하게 주어졌다면 바로잡아야 합니다.

새로운 밀레니엄인 2000년을 앞두고 이미 빈국의 부채를 없애주자는 '주빌리2000'이라는 글로벌 캠페인이 벌어진 적이 있습니다. 1996년 영국에서 시작된 이 운동은 개발도상국들이 IMF나 세계은행 등에 지고 있는 부채를 없애주자는 것이 핵심이었습니다. 기독교 성경에 50년마다 한 번씩 빚을 탕감해주는 '희년Jubilee'이라는 것이 나오는데, 거기에서 아이디어를 얻은 운동이었습니다. 여기에 호응해 1999년 독일에 모인 주요 8개국G8 정상들이 개도국들의 빚을 일부 없애줬습니다.

20여 년이 흐른 뒤에도 '부채 탕감'이라는 똑같은 주장이 되풀이되는 것은, 발전의 운동장이 여전히 기울어져 있음을 보여주는 일이겠지요. 미국이나 프랑스는 자국 농민들에게 막대한 보조금을 줍니다. 그런 보조금이 없다면,

수출을 늘리기 위해 그 나라 정부들이 다른 나라들을 상대로 외교적 압박을 하지 않는다면, 그 나라들의 농산물은 세계 시장에서 가격 경쟁력이 크게 떨어질 것입니다. 하지만 그들이 보조금과 지원 정책을 포기하지 않기 때문에, 아프리카나 아시아나 중남미의 가난한 농민들이 싸게 내다팔 수 있는 농산물이 시장에서 밀리게 됩니다. 어떤 학자들은 부자 나라들이 자국 내의 보조금이라는 형태로 빈국 농민들을 말려 죽이고 있다고 말합니다.

그런 맥락에서 보면 개발원조가 아니라 글로벌 무역과 금융 시스템이 문제입니다. 장하준 런던대학교 교수는 이미 경제 성장을 이룬 나라들이, 개도국들이 올라가야 할 사다리를 걷어차고 있다고 지적한 바 있습니다. 자기네들 시장은 보호 조치로 닫아놓고, 개도국에는 '시장을 개방하라'며 자유무역을 강요하는 것이 그런 예입니다. 미국만 해도 자국의 반도체 산업을 키우겠다며 외국산 제품에 관세를 매기거나, 일자리를 만든다면서 외국 기업들이 미국에 공장을 짓도록 압박을 하잖아요.

공정한 규칙을 다시 세우는 게 결국 가장 중요한데, 개도국이나 저개발국은 국제 무대에서 큰 힘을 갖지 못합니다. 협상력이 떨어지는 것이지요. 성공적인 발전의 경험을 통해 개도국과 부국 사이의 중재자가 될 수 있는 한국 같은 나라가 공정한 제도를 만드는 데에 관심을 더 많이 갖고 힘을 실어주면 참 좋지 않을까요.

하나로 연결된
세계

　　생명과 인권을 보호하는 긴급구호, 전 세계 모든 국가
가 잘살 수 있는 개발원조는 꼭 필요합니다. '단 한 사람도
소외되지 않는 것Leave no one behind'이 유엔의 '지속가능한
발전 목표'이자 모토이기도 합니다. 격차는 국가들 간의 문
제만은 아닙니다. 한 나라 안에서도 잘사는 사람과 그렇지
못한 사람의 격차가 벌어지고 부와 소득의 불평등이 심화
되면, 체제에 대한 불신이 깊어지고 사회 전체의 신뢰가 낮
아지겠지요.

　　빈곤 전문가인 바네르지와 뒤플로는『힘든 시대를 위

한 좋은 경제학』에서 "우리가 해온 연구는 가난한 나라의 가난한 사람들에 대한 것이었다"면서도 "부유한 나라가 맞닥뜨린 문제들도 가난한 나라에서 우리가 보았던 문제들과 희한하게도 많이 닮아 있다는 사실을 깨달았다"고 했습니다. 부동산 개발에 밀려난 사람들, 폭증하는 불평등, 바닥으로 떨어진 정부 신뢰, 극도로 분열된 사회와 정치 등은 부유하든 가난하든 모든 나라가 겪고 있는 문제입니다.

그렇다면 우리는 무엇을 할 수 있을까요? 빈곤과 원조, 개발과 격차에 대해 알게 됐다면 첫 걸음을 뗀 것입니다. 실천할 수 있는 것이 생각보다 많습니다. 기근이나 전쟁으로 난민이 되고 보건의료 위기를 맞은 이들을 위해 구호기구에 성금을 기부하거나 물건을 보내는 것도 좋습니다. 강대국들이 게임의 규칙을 공정하게 만들고 있는지 지켜보고, 우리 정부가 공정한 규칙에 이바지할 수 있도록 감시해야 합니다.

매년 8월 19일은 '세계 인도주의의 날'입니다. 2003년 이라크 바그다드에서 테러로 목숨을 잃은 유엔 직원들과 구호활동가들을 기려 만든 날이랍니다. 2020년 세계 인도주의의 날을 맞아 유엔은 위기의 현장으로 뛰어든 활동가들을 '현실의 히어로'라고 칭했습니다. 맞아요. 활동가든 아니든, 우리는 현실을 뛰어넘는 슈퍼히어로가 아닙니다. 다만 타인의 고통에 공감하고 해법을 고민하는 현실의 사람들이지요. 생각해보는 것에서부터 주변을 바꾸고 세계를 바꿀 힘이 쌓이기 시작할 것입니다.

코로나19 백신은 누가 많이 샀을까

코로나19가 유행하자 방역, 국경 검역, 격리와 치료가 모든 사회의 핵심 이슈가 됐습니다. 유럽에서 14세기에 흑사병이 대유행했을 때도 공중보건을 맡는 지역단체들이 만들어져서 환자를 격리하거나 이동하는 이들을 검역하고 시신 처리를 맡았다고 해요.

코로나19, 그보다 몇 년 전에 세계를 휩쓴 치명적인 에볼라 바이러스 감염 사태, 멕시코의 축산농장에서 시작해 세계로 퍼져 나간 인플루엔자(신종플루) 등은 전염병이 광범위한 지역에 퍼져서 그 자체로 재난이 된 사례들입니다. 치료약과 백신을 개인들이 알아서 구하기가 힘들면 국가가 나서고, 한 국가 차원에서 대응하기 어려우면 세계보건기구를 비롯해 국제기구들이 나서게 됩니다. 국제기구들이 움직이려면 돈 많은 나라들도 협력을 해줘야 하고요.

그런가 하면 지진이나 전쟁 같은 재난 현장에서 열악한 주거 환경으로 내몰린 난민과 이재민들의 건강이 급격히 나빠지고 질병이 번지는 일도 많습니다. 이렇게 재난 상황에 몰리면 평상시와는 다른 보건의료 차원의 대응이 필요합니다. 이를 '재난의학'이라고 부릅니다. 재난에서 살아남은 사람들의 건강이 나빠지지 않도록 하는 것뿐만 아니라 보건 비상사태에 대비해 예방 계획을 세우고, 재난이 일어난 뒤 사람들이 의료진과 약품에 접근할 수 있도록 돕는 전반적인 과정이 모두 재난의학에 포함됩니다.

1970년대 초 페루와 니카라과, 방글라데시 등지에서 자연재해가 발생한 후 재난이 공중보건에 미치는 영향에 관심이 쏠렸습니다. 1973년 재난에 대비하고 대응하는 효율적인 방법을 연구하기 위해 벨기에 루뱅대학교에 재난역학연구센터CRED가 설립됐습니다. 세계보건기구는 이후 학자들의 연구 결과를 모아 자연재해나 기근, 인구 이동 같은 상황에서 어떤 질병이 어떻게 퍼질 수 있으며, 어떤 대응이 필요한지를 예측하고 대비하기 위한 프로그램들을 만들었습니다.

1990년대에는 앞에서 얘기한 옛 유고연방 내전이나 르완다 학살 같은 비극적인 사건들이 일어났고, 무력 분쟁이 공중보건에 어떤 결과를 가져오는지가 국제사회의 관심사가 됐습니다. 이런 사태들은 난민들의 대탈출, 즉 대규모 인구 이동을 불러오는 경향이 있었습니다. 전쟁 과정에서 죽거나 다치는 직접적인 인명 피해도 있지만, 이재민과 난민들 사이에 퍼지는 질병과 굶주림 같은 간접적인 피해도 그 못지않게 컸습니다.

학자들이 연구해보니 집을 떠나 갑자기 다른 곳에서 생활하게 된 사람들, 특히나 열악한 난민촌에 살게 된 사람들의 사망률이 평시의 사망률보다 때로는 열 배, 스무 배로 높아지는 것으로 나타났습니다. 예를 들면 난민 캠프에서는 우리가 별것 아니라고 여기는 홍역조차 치명적인 전염병이 되었으며, 사망률이 30퍼센트에 이르기도 했습니다.

2010년 아이티에서 대지진이 일어났을 때, 바로 그런 일이 일어났지요. 외국에서 들어간 유엔 평화유지군이 있었는데, 처음에는 그들에게서 콜레라가 시작됐어요. 지진이 일어나기 전에도 워낙 영양 공급이 부실한 가난한 지역이었던 터라 콜레라가 순식간에 번졌습니다. 그 후 몇 년이 지나도록 콜레라는 사라지지 않았고, 몇 년에 한 번씩 다시 지역을 휩쓸고 있습니다. 심지어 재난 이후 한참이 지난 2023년까지도 말이에요.

그래서 전염병을 연구하는 학자들은 재난을 당한 지역에 인도적인 지원을 하면서 공중보건을 늘 우선순위에 둬야 한다고 말합니다. 영양실조, 홍역, 말라리아, 호흡기 질병, 설사병 같은 질병들을 막으려면 무엇보다 충분히 먹을 수 있어야 하고, 깨끗한 물이 필요하고, 위생적인 환경과 쉼터와 의료 서비스가 필요합니다.

비단 자연재해나 전쟁 상황이 아니더라도, 보건의료는 삶의 질에 너무나도 중요합니다. 보건의료에 대한 유엔의 기본 입장은 '알마아타 선언Alma Ata Declaration'에 담겨 있습니다. 이는 1978년 카자흐스탄의 알마티에서 열린 제1회 보건의료 국제회의에서 채택됐습니다. 사람들의 건강을 보호하기 위해 모든 정부와 모든 보건의료 관련 개발원조 종사자, 세계 공동체의 긴급한 조치가 필요하다는 선언이었습니다. '모두를 위한 건강'은 세계보건기구가 목표로 하는 것이자, 글로벌 공중보건의 핵심입니다.

세계가 보건의료 문제에 공동 대응해야 한다는 것을 극적으로 보여준 사건이 코로나19였지요. 백신과 치료제를 어떻게 하면 많은 사람에게 공급할 수 있을지가 팬데믹 시대의 가장 큰 숙제였으니 말입니다. 물론 빈국에 백신을 공급하는 체계는 이전부터 있었습니다. 1990년 미국 뉴욕에서 아동정상회의가 열렸는데, 그때 부국들이 저개발국 어린이에게 백신 접종을 지원하기로 하면서 '아동백신이니셔티브Children's Vaccine Initiative'란 것을 만들었습니다. 하지만 활동기간이 10년으로 정해져 있었어요.

그 기간이 끝난 뒤 2000년에 활동을 이어가기 위해 글로벌백신연합Global Alliance for Vaccines and Immunization, GAVI(가비)을 출범시켰습니다. 특히 아이들의 사망이 많은 질병들을 중심으로 백신을 공급해서 여러 성과를 거뒀습니다. 예를 들어 2000년에 59퍼센트였던 디프테리아 백신 접종률을 2019년에는 81퍼센트로 끌어올렸답니다. 20년 동안 세계에서 총 7억 6000만 명의 아이들에게 백신을 접종했는데, 그러지 않았다면 1300만 명 이상이 숨졌을 수 있대

코로나19 백신의 최대 구매자인 유니세프는 모금한 돈으로 백신을 사서 빈국들에 공급했다.

요. 그만큼의 목숨을 구한 거지요.

가비는 세계보건기구나 유니세프, 세계은행 등과 협력해서 기업이나 구호기구들부터 백신을 기부받아 개도국들에 전해줍니다. 코로나19가 퍼지자 가비는 코백스covid라는 프로그램을 시작했습니다. '코로나19 글로벌 백신 접근COVID-19 Vaccines Global Access'을 줄여서 부르는 이름입니다. 세계보건기구와 가비, 감염병혁신연합CEPI 등이 함께 운영합니다.

코백스는 중하위 소득 국가들의 코로나19 검사와 치료, 백신 접종을 지원하는 프로그램이에요. 30여 개 나라에서 낸 돈으로 백신을 사서 빈국들에 공급하는 유니세프가 코로나19 백신의 최대 구매자입니다. 유니세프는 2021년 2월부터 서아프리카 가나를 시작으로 코로나19 백신을 배포했습니다.

하지만 팬데믹 상황에서 부국들의 이기주의가 걸림돌이 되기도 했습니다. 우리 국민부터 접종해야 한다면서 백신을 쟁여두는 '백신 민족주의' 탓에, 어떤 나라에서는 전 국민이 3~4차까지 접종을 받는데 어떤 나라에서는 접종률이 10퍼센트도 안 되는 격차가 나타난 것입니다. 또 아프리카 빈곤 지역에서는 백신을 운반할 냉장 차량이 부족했고, 분쟁 지역에는 보건의료 인력이 가기도 힘들었던 문제가 있었습니다. 글로벌 공중보건 대응에서도 역시 핵심은 전반적인 발전 수준을 높이는 것이라는 뜻입니다.

퀸에서 BTS까지, 셀럽과 지구

지금은 스마트폰만 열면 누구나 언제든 원하는 주제로 라이브 스트리밍을 할 수 있습니다. 그런데 인터넷조차 보급되지 않았던 1985년, 대서양을 가로질러 미국과 영국에서 스타 가수 수십 명을 모아 열여섯 시간에 달하는 음악 공연을 생중계하겠다는 거대한 프로젝트가 실행됩니다. 공연의 목적은 1970년대 시작된 내전으로 수많은 난민이 발생하고 기아와 빈곤에 시달리는 에티오피아를 비롯해 아프리카인들을 도울 돈을 모으는 것이었습니다. 이 공연의 이름은 라이브 에이드Live Aid입니다.

미국 필라델피아에서 열린 라이브 에이드 콘서트. 1985년 아프리카인들을 돕기 위해 당대 스타 가수 수십 명이 영국과 미국에서 동시에 공연을 진행했다.

퀸, 스팅, 엘튼 존, U2 등이 공연을 펼쳤습니다. 그리고 미국 필라델피아의 존 F. 케네디 스타디움에는 9만여 명이 모인 가운데 에릭 클랩튼, 듀란듀란, 마돈나, 밥 딜런 등이 무대에 올랐습니다. 이 콘서트는 몇 년 전 록그룹 퀸의 보컬 프레디 머큐리의 생애를 다룬 영화 〈보헤미안 랩소디〉가 나오면서 다시 한 번 화제가 됐습니다. 흰색 민소매 셔츠에 딱

붙는 청바지 차림으로 열광하는 관중 수만 명 앞에서 〈위 아 더 챔피언We Are The Champion〉을 열창하는 프레디 머큐리 의 모습, 바로 이 장면이 라이브 에이드 콘서트에서의 공연 이었답니다.

　한자리에 모이기도 어려운 슈퍼스타들의 무료 공연에 세계의 관심이 쏠렸고, 이 공연은 위성을 통해 과거 동구권 국가를 포함해 100여 개국으로 생중계됐습니다. 무려 10 억 명 이상이 시청했다고 해요. 이 공연으로 아프리카의 빈 곤과 기아 문제가 세계적 차원에서 관심을 끌었고, 실제 모 금으로도 이어져 성금은 1억 5000만 파운드에 달했습니 다. 유명한 이들의 영향력이 아프리카 여러 국가가 직면한 문제를 수면 위로 끌어올리고, 이들을 도울 수 있는 자금을 마련하는 데까지 이어진 사례였습니다.

　그로부터 20년 뒤인 2005년 G8(프랑스, 독일, 이탈리아, 일본, 영국, 미국, 러시아) 회의가 열릴 때 유명 가수들이 다시 뭉칩니다. 아프리카 나라들의 채무를 완전히 탕감하고 지 원금을 늘리자는 취지의 '라이브 8' 콘서트를 연 것입니다. 런던, 파리, 로마, 베를린, 도쿄, 모스크바, 토론토 등 10개 도시에서 공연이 개최됐습니다. 20년 전 기부금을 모으는 것이 목적이었던 콘서트와 비교해, 이번에는 G8 지도자들을 향해 "아프리카의 빈곤을 정치적, 구조적으로 해결해야 한다"고 촉구하는 메시지를 냈습니다. 원조 차원을 넘어 기울어진 운동장에 대한 비판으로 한 걸음 나아간 것입니다.

셀럽들의 이런 활동은 결국 일회성일 뿐 아니냐고 평가하는 이들도 있습니다. 하지만 국제사회의 관심을 불러 모은다는 점에서는 높이 평가해줄 만합니다. 오랜 시간 세계의 이슈에 천착해 꾸준히 활동하는 스타들도 많고요.

록스타 가운데 빈곤과 질병 퇴치 등 국제 구호에 목소리를 내온 대표적인 사람은 록밴드 U2의 보노입니다. 그는 라이브 에이드와 라이브 8에 참여한 것은 물론이고, 빈곤 퇴치 캠페인 기구인 '원(ONE)'을 설립한 멤버이기도 합니다. 원은 여러 NGO들과 뜻을 모아 미국 정부가 국내총생산의 1퍼센트를 에이즈와 빈곤 퇴치 등 인도적 지원에 쓰게 하자는 캠페인을 벌이고 있습니다. 보노는 두 번이나 노벨 평화상 후보에 올랐고, 2022년에는 인도주의를 실천한 사람이나 단체에게 주어지는 풀브라이트상을 받았습니다.

〈로마의 휴일〉〈티파니에서 아침을〉 등으로 유명한 배우 오드리 헵번은 그런 스타들의 원조라고 볼 수 있습니다. 헵번은 세계를 돌며 어린이들을 돕는 활동을 펼친 것으로 유명합니다. 1987년 유니세프 주최로 마카오에서 열린 국제 음악 페스티벌에 참석한 그는 자신의 명성이 모금에 도움이 된다는 것을 알게 됐습니다. 이듬해인 1988년 헵번은 유니세프 친선대사가 됐습니다. 그 후 수십 년 동안 유니세프 구호팀과 함께 케냐, 에티오피아, 온두라스, 소말리아 등 12개 나라의 현장을 누비며 어린이들을 위한 활동을 했습니다.

"우리가 할 수 없는 일이 너무 많습니다. 우리가 아이들에게 부모를 돌려줄 수는 없습니다. 하지만 가장 기본적인 인권, 건강과 청결, 생명에 대한 권리를 되찾아 줄 수 있습니다." 헵번이 1989년 유엔에서 한 연설은 지금까지도 여러 사람들에게 각인되어 있습니다. 사실 헵번 자신도 제2차 세계대전 뒤 유니세프의 도움을 받아 살아남은 전쟁 피해 어린이였다고 합니다.

유엔난민기구에서 20여 년간 활동해온 배우 안젤리나 졸리도 있습니다. 졸리는 2001년부터 2022년까지 유엔난민기구의 친선대사, 특사로 활약했습니다. 그는 레바논, 예멘 등 난민들이 있는 나라 스무 곳 이상을 방문했고,

2023년에는 우크라이나를 찾았지요. 졸리는 2019년 미국 시사 잡지 『타임』의 객원기자로 활동하며 쓴 기사 「난민에게 빚진 것」에서 "어떤 나라든 국경 뒤로 물러서서 문제가 사라지기만을 바라는 것은 환상"이라며 "리더십과 효과적인 외교가 필요하다"고 촉구했습니다. 한국에서는 정우성 배우가 유엔난민기구의 친선대사를 맡고 있습니다.

최근에는 그룹 방탄소년단BTS이 유엔의 연단에 올라섰습니다. BTS는 2021년 9월 미국 뉴욕에서 열린 유엔총회 특별행사 '지속가능발전목표 고위급 회의(SDG 모멘트)' 개회 세션에 참석해 연설을 했습니다. SDGs는 지속가능발전목표Sustainable Development Goals'를 말하는 것으로, 2015년 유엔이 지구와 인류의 지속가능한 발전을 위해 설정한 17개의 공동 목표를 말합니다. SDGs를 2030년까지 달성하기 위해 유엔의 회원국들은 저마다 다양한 노력을 기울이고 있고, 여기에 힘을 보태기 위해 BTS가 나선 것입니다.

이 목표들은 앞으로 살아갈 젊은 세대에게 더 중요합니다. BTS의 연설도 청년과 미래 세대의 목소리를 담았습니다. "(우리에게는) '로스트 제너레이션(잃어버린 세대)'이 아니라 '웰컴 제너레이션'이라는 이름이 더 잘 어울립니다.

변화에 겁먹기보다 '웰컴'이라고 말하며 앞으로 전진하는 세대라는 뜻입니다. 새롭게 시작되는 세상에서 모두에게, 서로에게 웰컴이라고 말해줄 수 있었으면 좋겠습니다."

우리가 원하는 미래, 지속가능 개발 목표

플로깅plogging이라는 말을 들어본 적 있나요? '줍는다' 는 뜻의 스웨덴어 '플로카 우프plocka upp'와 영어의 조깅을 합친 것으로, 조깅을 하면서 쓰레기를 줍는 일을 말합니다. 2016년 스웨덴에서 시작된 플로깅은 플라스틱 쓰레기를 줄여보자는 데에서 출발했고 여러 나라로 퍼졌습니다.

바닷가에도 쓰레기가 많습니다. 그것들을 치우는 것 은 플로깅 대신 '비치', 즉 바닷가를 가리키는 영어에 빗질 이라는 뜻의 코밍combing을 합친 '비치코밍'이라고 부릅니 다. 우리가 땅위에서 버린 쓰레기들 가운데 일부는 빗물을 따라 강으로 가고, 흘러 흘러 바다로 가서 수많은 해양 동물을 죽입니다.

플로깅이나 비치코밍처럼 어렵지 않게 할 수 있는 일도 지구를 살리는 데에는 도움이 됩니다. 앞에서 BTS의 연설과 함께 소개한 지속가능발전목표에도 '지속가능한 도시와 지역사회 만들기' '해양 생태계 지키기' '육상 생태계 지키기' 같은 것들이 들어 있어요.

SDGs는 단순히 지구의 미래를 지키자는 선언만 한 것이 아니라 구체적인 과제들을 정해서 각국에 실천 방안을 내놓고 목표를 달성하라는 요구를 한 것이어서 큰 의미가 있습니다. 이 과제들이 어떻게 나왔는지 알아볼까요.

새로운 밀레니엄(천년)이 시작되는 2000년 9월 뉴욕 유엔본부에 187개국 정상과 정부 대표들이 인류의 미래를 논의하고, 앞으로의 과제를 함께 해결하자는 밀레니엄 선언을 채택했습니다. 유엔은 새천년 개발목표Millennium Development Goals, MDGs라는 이름으로 세부 목표와 계획을 만들었습니다.

그 후 15년 동안 절대 빈곤과 기아를 없애고, 모두가 초등교육을 받게 하고, 여성 인권을 높이고, 유아 사망률을

낮추는 것 등 8개 목표 가운데 일부는 달성됐습니다. 그러나 여전히 빈곤이 사라지지 않았고, 기후 변화와 생태계 파괴를 비롯해 더 큰 과제로 떠오른 것들도 있었습니다. 새천년 개발목표의 시한이 끝나면서 2015년 9월 유엔은 후속으로 2030년까지 추진할 지속가능개발목표를 만들었습니다. 한국도 그에 맞춘 'K-SDGs'를 정하고 지속가능발전법을 만들어 점검하고 있습니다.

국제사회가 만장일치로 정한 17개의 목표를 구체적으로 살펴보면 다음과 같습니다.

1. 모든 나라에서 모든 형태의 빈곤 끝내기

하루에 1.25달러(약 1600원) 미만의 돈으로 살아가는 절대 빈곤층이 세계에 7억 명이 넘습니다. 이런 절대 빈곤을 2030년까지 없애는 것이 첫 번째 목표입니다.

2. 굶주림을 없애고 식량 안보 지키기

빈곤과 함께 기후 변화에 따른 가뭄과 홍수가 많아지면서 식량 위기가 생겨나고 있습니다. 2030년까지는 기아를 없애고 영유아를 포함한 취약 계층이 배불리 먹을 수 있도록 합니다.

3. 모든 사람의 건강과 웰빙

부자 나라에서는 쉽게 예방하고 치료할 수 있는 질병이 빈국에서는 여전히 사람들의 목숨을 앗아갑니다. 모두가 질병과 감염에 대해 정확히 알고 예방할 수 있게 합니다.

4. 모두를 위한 질 좋은 교육

먹고살기 위해 학교가 아니라 일터로 가는 아이들이 있습니다. 여성이라는 이유로 교육받지 못하는 이들도 있고요. 2030년까지 성별에 관계없이 모두가 안정된 환경에서 양질의 교육을 받을 수 있도록 합니다.

5. 성 평등

지구상에는 어린 나이에 원치 않는 강제 결혼을 하거나, 결혼하면서 막대한 지참금을 내야 하는 여성들이 아직 있습니다. 18세 이전에 강제 결혼을 하는 여성이 1200만 명이 넘는대요. 또 여성은 여러 형태의 폭력에 노출돼 있습니다. 유엔 보고서에 따르면 세계에서 11분마다 여성 한 명이 가족에 의해 살해당하고 있습니다. 같은 일을 해도 여성은 남성보다 평균 12퍼센트의 돈을 덜받습니다. 한국은 그 격차가 더 커서, 여성의 임금이 남성의 3분의 2밖에 안 됩니다. 유엔은 "이대로라면 성 차별을 없애는 데에 286년이 걸릴 것"이라며, 각국에 성 평등을 위한 조치들을 요구하고 있습니다.

6. 모두를 위한 깨끗한 물과 위생

마실 물이 절대적으로 부족하거나 오염돼 있어서 식수를 찾아 먼 길을 걸어야 하는 사람들이 있습니다. 화장실이 없어 밖에서 볼일을 보고, 분뇨가 마실 물을 오염시키는 악순환이 일어나기도 합니다. 그러면 설사병과 콜레라가 번지기 쉽습니다. 매년 오염된 식수로 사망하는 사람이 약 80만 명에 이른다고 합니다.

7. 비싸지 않은 재생에너지

기후 위기를 부른 석탄, 석유 같은 화석연료를 줄이고 재생에너지 비율을 높이기 위해 기반 시설을 확충해야 합니다. 돈 없는 사람들도 깨끗한 에너지를 저렴한 비용으로 이용할 수 있어야 합니다.

8. 지속가능한 경제 성장과 좋은 일자리

같은 일을 하면 성별이나 국적, 인종에 상관없이 같은 대가를 받아야 하고, 일터의 환경이 건강과 안전을 해치지 않아야 하며 강제 노동이나 아동 노동은 사라져야 합니다.

9. 산업, 혁신, 사회 기반 시설 확충

도로, 철도, 통신 같은 시설과 의료 제도, 교육 제도 등 인프라가 잘 돼 있을수록 생산의 효율성이 높아지고 시민들의 생활도 편해집니다. 2030년까지 모든 나라에서 인프라를 개선하고 산업을 지속가능하게 만들어야 합니다. 특히 정보통신 기술을 누구나 이용할 수 있고 적정한 가격으로 인터넷을 쓸 수 있도록 하는 것이 중요합니다.

10. 불평등 줄이기

세계에서 돈 많은 상위 10퍼센트가 전 세계 사람들이 버는 소득의 절반을 차지합니다. 갖고 있는 자산은 전체 자산의 4분의 3에 이르고요. 반면 하위 50퍼센트가 가진 자산은 전체의 2퍼센트뿐입니다. 2030년까지 하위 40퍼센트의 소득이 평균적인 소득 증가율보다 더 높게 늘어나도록 하는 것이 목표입니다. 또한 나이, 성별, 인종, 종교, 언어, 장애 유무, 경제사회적 지위 등에 상관없이 평등한 기회를 보장하고, 결과의 불평등을 줄이기 위해 노력해야 합니다.

11. 지속가능한 도시와 지역사회

2023년 현재 세계 인구의 56퍼센트가 도시에 사는데 그 비율이 2030년에는 60퍼센트로 올라갈 전망입니다.

하지만 비싼 방값에 쓰레기와 소음, 범죄, 대기오염 같은 문제들이 도시 주민들을 괴롭힙니다. 도시와 농촌을 망라해 모든 지역을 안전하고 '계속 살 만한 곳'으로 만들자는 것이 열한 번째 목표입니다.

12. 지속가능한 소비와 생산

생산과 소비 과정에서 환경이 오염되지는 않는지, 주변과 이웃에 어떤 영향을 끼치는지 등을 늘 생각하면서 생산자와 소비자 모두 책임을 더 가져야 합니다.

13. 기후 변화와 그 영향을 막기 위한 행동

유엔의 2023년 「제6차 기후 변화 종합 보고서」에 따르면, 지난 10년 동안 지구의 평균 기온은 100여 년 전보다 1.1도 올랐습니다. 2도 넘게 올라가면 너무 많은 사람이 재난을 맞습니다. 그래서 2015년 '파리기후협약'으로 각국은 기온 상승폭이 1.5도를 넘지 않게 하자고 약속했습니다. 기후 변화를 막자는 약속도 SDGs의 목표에 포함됐습니다.

14. 해양 생태계 보전

전체 해양 생물의 10퍼센트에 이르는 1550여 종이 멸종 위기인데, 그중 41퍼센트는 기후 변화 때문이라고 해요. 지금처럼 바닷물 온도가 올라가면 해양 생물의 90퍼센트 가까이가 위기를 맞는다는 연구도 있습니다. 바다 생물을 지키는 것이 생태계 전체와 인류를 살리는 길입니다.

15. 육상 생태계 보전

기후 변화로 사막이 넓어지고 있고, 개발과 벌채로 숲이 줄고 있습니다. 서식지가 줄면서 육상 생태계의 생물 다양성도 줄어듭니다. 1970년부터 2006년까지 지구상의 생물종 31퍼센트가 사라졌다고 합니다.

16. 평화와 정의를 위한 포용적 제도

제도와 법과 규칙이 공정하지 않은 사회는 정의롭지 못합니다. 사회가 정의롭지 못하면 성장과 발전에 결국 장애가 되고, 반발과 분쟁이 일어나기 쉽습니다. 공동체를 더 평화롭고 정의롭고 포용적으로 만들기 위한 여러 제도를 만들고 이를 강력하게 실행해야 합니다.

17. 목표를 위해 국제사회 협력하기

앞의 목표들을 이루기 위해 국제사회가 힘을 합쳐야 합니다. 위기를 맞은 나라가 있다면 세계가 도와야 지구를 지속가능한 곳으로 만들 수 있습니다.

함께 읽어볼
책들

김현주, 『세계의 빈곤, 게을러서 가난한 게 아니야』, 사계절, 2016.

이지선·배동미, 『세상을 구하는 영화관』, 서해문집, 2022.

대런 애쓰모글루·제임스 A. 로빈슨, 최완규 옮김, 『국가는 왜 실패하는가』, 시공사, 2012.

댄 보르토로티, 고은영 옮김, 『지구의 절망을 치료하는 사람들』, 한스컨텐츠, 2007.

데이비드 비담 외, 양영미·김신 옮김, 『인권을 생각하는 개발 지침서』, 후마니타스, 2010.

마사 C. 누스바움, 강동혁 옮김, 『세계시민주의 전통』, 뿌리와이파리, 2020.

마이클 에드워즈, 윤영삼 옮김, 『왜 기업은 세상을 구할 수 없는가』, 다시봄, 2013.

무하마드 유누스·알란 졸리스, 정재곤 옮김, 『가난한 사람들을 위한 은행가』, 세상사람들의책, 2002.

아마르티아 센, 김원기 옮김, 『자유로서의 발전』, 갈라파고스, 2013.

아마르티아 센, 이규원 옮김, 『정의의 아이디어』, 지식의날개, 2021.

아마르티아 센, 이상호 옮김, 『불평등의 재검토』, 한울, 2008.

아비지트 배너지·에스테르 뒤플로, 김승진 옮김, 『힘든 시대를 위한 좋은 경제학』, 생각의힘, 2020.

아비지트 배너지·에스테르 뒤플로, 이순희 옮김, 『가난한 사람이 더 합리적이다』, 생각연구소, 2012.

윌리엄 R. 이스털리, 황규득 옮김,『세계의 절반 구하기』, 미지북스, 2011.

장 지글러, 양영란 옮김,『빼앗긴 대지의 꿈』, 갈라파고스, 2010.

장 지글러, 양영란 옮김,『왜 세계의 가난은 사라지지 않는가』, 시공사, 2019.

장 지글러, 유영미 옮김,『왜 세계의 절반은 굶주리는가』, 갈라파고스, 2007.

제프리 삭스, 김현구 옮김,『빈곤의 종말』, 21세기북스, 2006.

존 맨들, 정승현 옮김,『지구적 정의란 무엇인가』, 까치, 2017.

존 머터, 장상미 옮김,『재난 불평등』, 동녘, 2016.

카너 폴리, 노시내 옮김, 『왜 인도주의는 전쟁으로 치닫는가?』, 마티, 2010.

클레이튼 M. 크리스텐슨 · 에포사 오조모 · 캐런 딜론, 이경식 옮김,『번영의 역설』, 부키, 2020.

페트라 클로제, 이지선 옮김,『세상을 지키는 열일곱 걸음:어젠다 2030』, 봄볕, 2022.

폴 콜리어, 류현 옮김,『빈곤의 경제학』, 살림, 2010.

피터 싱어, 김희정 옮김,『세계화의 윤리』, 아카넷, 2003.

피터 싱어, 함규진 옮김,『물에 빠진 아이 구하기』, 산책자, 2009.

필립 맥마이클, 조효제 옮김,『거대한 역설』, 교양인, 2013.

C. K. 프라할라드, 유호현 옮김,『저소득층 시장을 공략하라』, 럭스미디어, 2006.

부자 나라,
가난한 세계

ⓒ 구정은·이지선, 2023

초판 1쇄 2023년 8월 30일 펴냄
초판 2쇄 2024년 4월 24일 펴냄

지은이 | 구정은·이지선
펴낸이 | 이태준

인쇄·제본 | (주)삼신문화

펴낸곳 | 북카라반
출판등록 | 제17-332호 2002년 10월 18일

주소 | (04037) 서울시 마포구 양화로7길 6-16 서교제일빌딩 3층
전화 | 02-486-0385
팩스 | 02-474-1413

ISBN 979-11-6005-128-5 44300
      979-11-6005-127-8 44080 (세트)

값 15,000원

북카라반은 도서출판 문화유람의 브랜드입니다.
저작물의 내용을 쓰고자 할 때는 저작자와 북카라반의 허락을 받아야 합니다.
파손된 책은 바꾸어 드립니다.